Für Günther Schwarz und Papst Franziskus
in ihrem Kampf um Wahrheit und Freiheit

Franz Alt

Die 100 wichtigsten Worte Jesu

Wie er sie wirklich gesagt hat

Inhalt

Einführung

Falsche Worte, falsche Botschaft

»Das meiste von dem, was die Christenheit glaubt, Jesus hat es nicht gelehrt, und das meiste von dem, was Jesus gelehrt hat, die Christenheit weiß es nicht.« Das ist das erschreckende Ergebnis der 50-jährigen Jesus-Forschung von Günther Schwarz. Wie kommt der Theologe zu diesem vernichtenden Urteil?

Jesus sprach Aramäisch. Doch seine gesamte Botschaft ist uns seit 2 000 Jahren in griechischer Sprache überliefert und wurde in hunderte Sprachen übersetzt. Der Unterschied zwischen Jesu Muttersprache Aramäisch und dem Griechischen war damals etwa so groß wie heute der Unterschied zwischen dem Arabischen und dem Deutschen. Hinzu kommt: Erst viele Jahrzehnte nach Jesus wurde aufgeschrieben, was er mündlich gelehrt hatte. Und dann ausgerechnet in einer anderen Sprache.

Warum aber müssen christliche Theologie-Studenten auf der ganzen Welt auch heute noch als Voraussetzung für ihr Studium Latein, Griechisch und Hebräisch lernen – nicht aber Aramäisch? Die drei alten Kirchensprachen tragen überhaupt nichts dazu bei, Jesus in seiner Muttersprache zu verstehen. Wovor haben die christlichen Kirchen eigentlich Angst? Vor der Wahrheit, die in Jesu Muttersprache zu finden ist? Jesus selbst sagt im Johannes-Evangelium in der Rückübersetzung nach Günther Schwarz:

»Wenn ihr bei meinen Worten beharren würdet,
so würdet ihr wahrhaft meine Schüler;
und ihr würdet die Wahrheit erkennen,
und die Wahrheit würde euch frei machen.«

(Joh 8,31 und 32 nach der Rückübersetzung ins Aramäische von Günther Schwarz. Für Rückübersetzung steht künftig RÜ.)

Wie aber sollen wir bei Jesu Worten verharren, wenn sie zum Teil falsch übersetzt sind und die Kirchen bei ihren dogmatisierten Übersetzungen bleiben?

Ich weiß, wovon ich spreche, denn auch ich habe, um Theologie studieren zu können, für ein Latein-, Griechisch- und Hebräisch-Abitur lernen müssen. So konnte ich mir viele Widersprüche, Übersetzungsfehler und Fälschungen im Neuen Testament über Jahrzehnte nicht erklären. Das konnte ich auch nicht, als ich zwischen 1983 und 2000 an meinen vier Jesus-Büchern gearbeitet habe, die in einer Auflage von zwei Millionen Exemplaren erschienen sind. Kein Wunder also, dass viele Theologen das Gegenteil dessen verkünden, was Jesus gelehrt hat. Wenn die Worte nicht stimmen, ist die ganze Botschaft falsch. Auch ich habe also einiges wiedergutzumachen.

Alle Christen kennen Jesu Worte aus dem gewohnten griechischen Urtext. Die Macht der Gewohnheit ist der größte Feind der Wahrheit: Das gilt besonders für jahrtausendealte Gewohnheiten in den Religionen.

Von Jesu außerordentlicher Redekunst und seiner einmaligen Botschaft, die er immer in Versform, wohlgemerkt *poetisch* vortrug, ist in den heutigen Übersetzungen des Neuen Testaments nicht viel übrig geblieben. Der Evangelist Matthäus beendet die berühmte Bergpredigt Jesu mit der Bemerkung: »Das Volk war außer sich.« Warum ist heute kaum noch jemand »außer sich«, wenn er die aus dem Griechischen übersetzten Jesus-Texte liest? Wenn es christliche Kirchen in Zukunft überhaupt noch geben soll, dann werden sie nicht länger so tun dürfen, als hätte der aramäisch sprechende Jesus nie gelebt.

Erst nach 2010 lernte ich die Jesusworte in den Übersetzungen von Günther Schwarz aus dem Aramäischen kennen und damit Jesus besser verstehen. Ich war zunehmend fasziniert und kam aus dem Staunen nicht mehr heraus. Das Ergebnis der Lebensarbeit von Günther Schwarz ist überraschend, manchmal irritierend, aber immer frisch wie die Michelangelo-Fresken in der Sixtinischen Kapelle nach ihrer Restauration.

Fast alle christlich-theologischen Professoren kennen bis heute nicht die aramäische Sprache und lehren sie auch ihre Schüler nicht. Und die Kirchenführer wollen an dieser Tatsache auch nichts ändern, obwohl sie eine wesentliche Ursache für die heutige Misere der Kirchen ist. An den immer leerer werdenden Kirchen wird sich nichts ändern, solange die Kirchenfürsten das griechische Neue Testament für unfehlbar halten. Es ist aber wissenschaftlich unstrittig, dass Jesu Muttersprache Aramäisch war.

Für mich wurde diese Frage immer dringlicher: Wie identisch ist das, was wir in den herkömmlichen Übersetzungen des Neuen Testaments lesen, mit dem, was Jesus wirklich gesagt, gedacht, gefühlt, geglaubt, gewollt und gelehrt hat? Nach meinem Buch »Was Jesus wirklich gesagt hat. Eine Auferweckung« im Jahr 2015, dem ich den »aramäischen« Jesus des Günther Schwarz zugrunde legte, wurde ich von vielen gebeten, die wichtigsten Jesusworte in Kurzform zusammenzufassen und dabei wiederum die Rückübersetzung des Jesus-Forschers Günther Schwarz ins Aramäische und danach die Neuübersetzung ins Deutsche zu benutzen.

Günther Schwarz urteilt als Theologe und leidenschaftlicher Jesus-Freund: »Jesus war Jude. Er lebte in einer jüdischen Umwelt und in einer vom Alten Testament geprägten Geisteswelt. Die Griechen lebten in einer ganz anderen Geisteswelt. Die Übersetzung der Worte, Gleichnisse und Taten Jesu ins

Griechische war also nicht nur eine Übertragung in eine andere Sprache, sondern auch in eine andere Geisteswelt.« Deshalb ist uns heute vieles von dem, was von ihm überliefert ist, unverständlich.

Es gibt weltweit etwa 20 000 Bücher über Jesus – mehr als über jeden anderen Menschen. Jedes Jahr kommen heute etwa tausend Jesus-Bücher hinzu. Aber in keinem einzigen bemühen sich der Autor oder die Autorin, Jesus in seinem aramäischen Originalton sprechen zu lassen und uns zugänglich zu machen. Das ist tragisch und folgenreich.

Günther Schwarz hat diese Erkenntnis nicht ruhen lassen. In etwa 20 Büchern und über 100 wissenschaftlichen Aufsätzen übersetzte er die wichtigsten Jesusworte aus den ältesten altsyrischen Grundtexten ins Aramäische zurück und dann ins Deutsche, fand einen überzeugenderen Jesus und schickte seine Erkenntnisse allen deutschsprachigen Bischöfen beider Konfessionen. Reaktion: gleich null.

Das macht mich als Journalist und Jesus-Freund wütend. Auch deshalb jetzt dieses geraffte Buch über den »aramäischen« Jesus. Ich möchte erneut den Versuch machen, hinter der bisherigen *Droh*botschaft Jesu seine ursprüngliche *Froh*botschaft erkennbar werden zu lassen.

Dabei lassen sich Wiederholungen natürlich nicht vermeiden. Auch dieses Buch schreibe ich ohne Anspruch auf Unfehlbarkeit, aber mit dem festen Willen, Jesus besser zu verstehen.

Wie dramatisch aktuell dieser Jesus heute ist, zeigt die aktuelle Flüchtlingssituation. 60 Millionen Menschen sind zur Zeit auf der Flucht. Die zeitlose Botschaft dieses Flüchtlings aus Bethlehem lässt sich in seiner Bergpredigt so zusammenfassen: »Selig sind die, die Flüchtlinge nicht ertrinken lassen.« Die Pfarrerstochter Angela hat von dieser Botschaft der Menschlichkeit etwas verstanden. Sie ist die Visionärin offener Grenzen und verkörpert die Ehre Europas in der Flüchtlingskrise. Zudem hat sie verstanden, dass offene Gesellschaften ökonomisch erfolgreicher sind als geschlossene. Dieser Merkel'sche humanistische Imperativ zeigt weltpolitisches Format, moralische Verantwortung und menschliche Qualität. Das ist das helle Deutschland. Im dunklen Deutschland gab es freilich allein in den Jahren 2015 und 2016 über tausend Anschläge auf Asylunterkünfte.

Aus Europa flohen früher Millionen. Jetzt wird es zum Aufnahmekontinent. Wenn der arme Teil der Welt viele Kinder bekommt, aber wenig Jobs hat, und der Teil der Welt, der 75 Prozent des Reichtums besitzt, aber wenig Kinder bekommt und viele Jobs hat, dann wird die Welt automatisch: multikulturell, multiethnisch und multireligiös. Dorothee Sölles gesammelte Erkenntnis lässt sich so zusammenfassen: »Theologisches Nachdenken ohne politische Konsequenzen kommt einer Heuchelei gleich.«

Wir Europäer müssen jetzt eine Antwort finden auf die alles entscheidende Frage: Haben Afrikaner weniger Rechte als Europäer? Theoretisch zumindest ist die Antwort eigentlich gar nicht so schwer. Aber was heißt das praktisch?

Die Summe dessen, was Jesus gelehrt hat, heißt: Gott für die Welt, Gott für die Menschen, Gott für alles Leben. Der Himmel für die Erde. Das aber bedeutet, dass jede Theologie immer auch politisch ist.

Der »aramäische« Jesus

Günther Schwarz über seinen »aramäischen« Jesus: »Was Jeschu (Jesus) in seiner Umwelt in Aramäisch vorgetragen hat, das musste bald danach, um von nur griechisch sprechenden Menschen verstanden werden zu können, ins Griechische übersetzt werden. Dabei sind den Übersetzern ... zahllose Fehler unterlaufen; unabsichtlich, weil sie entweder das Aramäische oder das Griechische oder gar beide Sprachen nur ungenügend verstanden. Diese Fehler (nachträglich vermehrt durch Abschreibfehler, Irrtümer, Zusätze, Auslassungen, Fehldeutungen, willkürliche Umdeutungen und dogmatische Änderungen) gelangten alle in den Wortlaut des Neuen Testaments. Wenn sie aber in ihn gelangt sind, dann müssen sie auch in die Lehre der Kirchen gelangt sein, die von kirchlichen Theologen im Lauf der Zeit aufgrund der nur in Griechisch überlieferten Aussagen Jeschus (und des übrigen Neuen Testaments) entwickelt worden sind. Hierbei gilt eine einfache Regel: Mit Texten und deren Auslegungen verhält es sich wie mit mathematischen Formeln und deren Ergebnissen. Sind diese richtig, so können jene richtig sein; sind diese falsch, so müssen jene falsch sein.«

Historisch gesichert ist, dass Jesus wie alle Propheten damals in Versen und poetisch sprach, damit seine Worte einprägsamer wurden und seine Jünger die Texte schneller auswendig lernen und sie einfacher mündlich weitergeben konnten. Daher hat unser Aramäisch-Kronzeuge Günther Schwarz alle Jesus-Zitate in aramäische Versformen rückübersetzt.

Günther Schwarz unterscheidet u.a. zwischen Doppel-Zweizeilern, Doppel-Dreizeilern und Doppel-Vierzeilern sowie zwischen verschiedenen Rhythmen wie zwei-, drei-, vier- und fünfhebigem Rhythmus, und schließlich Texten mit gemischten Rhythmen. Je nachdem, an welche Zuhörerkreise sich Jesus gewandt hat. Eine Sisyphusarbeit.

Die Rhythmen der Worte Jesu erkennen zu können ist keineswegs nebensächlich. Sie zutreffend bestimmen zu können ist vielmehr die Voraussetzung dafür, ihren ursprünglichen Wortlaut zu rekonstruieren und damit sein geistiges Eigentum wiederzugewinnen. Das ist Günther Schwarz gelungen. Deshalb dürfen wir sicher sein, über seine Pionierarbeit (ohne Anspruch auf Unfehlbarkeit!) Jesu Worte zu hören und zu lesen – frei von falschen Untertönen und Hinzugedichtetem.

Immerhin haben mir auf mein erstes Buch über den »aramäischen« Jesus hunderte Laien und Theologen geschrieben, dieser Jesus sei für sie eine »Befreiung«, aber auch eine »große Lebenshilfe«. Ein katholischer Priester reagierte so: »Bisher war ich schon zu 50 Prozent Atheist. Jetzt kann ich wieder glauben. Dieser Jesus ist neu für mich.« Eine 78-jährige Frau schrieb: »Auf dieses Buch habe ich ein Leben lang gewartet.« Und eine Leserin in der Mitte des Lebens meinte: »Dieser aramäische Jesus ist ein Segen für unsere Zeit.« Ein Mann mit großer Familie: »Meine ganze Familie ist sehr berührt vom aramäischen Jesus.« Ein Kollege von Radio Vatikan ließ mich wissen: »Würden noch mehr Leute so überzeugend von Jesus sprechen, dann sähe es um die Kenntnis Jesu besser aus.« Oder auch ein Anhänger der Solarenergie, der sich auf das Jesuswort »Die Sonne unseres himmlischen Vaters scheint für alle« bezieht: »Ihr Buch ›Was Jesus wirklich gesagt hat‹ ist revolutionär.« Und schließlich schrieb ein Leser aus Bayern: »Diese Rückübersetzungen sind Balsam für meine Seele. Ich vertraue darauf, dass die Bibel in den nächsten Jahren so umgeschrieben wird, dass die Worte Jesu in Zukunft der Wahrheit entsprechen.« Auf Facebook lese ich: »Plötzlich begegnen wir dem aramäischen Original-Jesus und das öffnet uns den Himmel.« Und: »Dieses Buch wirft für geistig offene Theologen, Linguisten, Philosophen und verwandte Fachgebiete sehr interessante Fragen auf.« Viele Leser waren in der Intention dieser Meinung: »Mit diesem Jesus geht das Zeitalter der Angst zu Ende.« Und schließlich: »Hochaktuell. Zeitgemäß. Und spirituell. Ein Lebensbegleitbuch.« Ein Pfarrer ließ mich wissen, dass er das Buch 24-mal verschenkt habe.

Wenn wir dem »aramäischen« Jesus vertrauen lernen, finden wir den größten Schatz und den besten Schutz auf diesem Planeten. Er lehrt uns, dass alles Glück dieser Welt aus dem Wunsch entsteht, andere Menschen glücklich zu machen.

Das Übersetzungsproblem ist die größte Herausforderung im Neuen Testament. Wie aber löst der Jesus-Forscher

Günther Schwarz dieses Problem? Wie schaffte er in beinahe lebenslanger, täglicher Kleinarbeit die Rückübersetzung ins Aramäische, in Jesu Muttersprache?

Die Antwort liegt in der bereits angesprochenen poetischen Vortragsform Jesu. Die klassischen Übersetzer haben diese Tatsache offensichtlich nicht erkannt. In beinahe allen Übersetzungen wurde die Poesie Jesu zerstört. Schwarz: »Jesus wollte, dass seine Schüler alle poetischen Teile seiner Verkündigung und Lehre auswendig lernten – für die Zeit nach seinem Sterben, das heißt für ihre eigene Verkündigung und Lehre ... Hätte Jesus seine Worte *nicht* poetisch formuliert und hätte er seine Schüler *nicht* verpflichtet, sie auswendig zu lernen, dann hätte er sinnwidrig gehandelt.«

Manche Kritiker des Buches »Was Jesus wirklich gesagt hat« haben diesen Aspekt komplett übersehen. Vielleicht habe ich ihn auch nicht deutlich genug gemacht. Deshalb noch einmal: Günther Schwarz konnte Jesus nur deshalb authentisch ins Aramäische rückübersetzen, weil er ihn poetisch, also in Versform, ernst genommen und verstanden hat.

Auch ich habe mehr als zwei Jahre gebraucht, um diesen zentralen und fundamentalen Aspekt dieser Rückübersetzung zu verstehen. Auch mich hat ein Leben lang nur der Inhalt der Jesusworte interessiert, die Form war mir gleichgültig. Doch die poetische Rückübersetzung ist die originäre und eigentliche Lebensleistung des Günther Schwarz. Nur so ist der Ur-Jesus zu verstehen.

Auch die Psalmen aus dem Alten Testament wurden und werden bis heute von Juden und Christen in Versform gebetet und von Mönchen in Versform gesungen. So wie die Mönche dabei auf philologische und exegetische Verlässlichkeit achten, tut dies auch Günther Schwarz in seinen genauen und peniblen Rückübersetzungen. Diese Methode wird im Folgenden genauer behandelt werden. Lesern, die sich weiter in dieses Thema vertiefen wollen, ist die Internetseite über Günther Schwarz zu empfehlen (www.jesus-forscher.de), die sein Sohn Jörn

Schwarz und Schüler seines Vaters gestalten. Jörn Schwarz hat viele Jahre mit seinem Vater konstruktiv zusammengearbeitet.

Das Fazit der Rückübersetzungen von Günther Schwarz: »Weil der überlieferte Wortlaut der Evangelien, von wenigen Ausnahmen abgesehen, nachweislich eine Zusammenballung fehlerhafter Übersetzungen von Texten ist, die bereits fehlerhaft aus dem Aramäischen ins Griechische übersetzt worden waren, darum können die Lehren der Kirche nicht anders als falsch sein. Unausweichlich.«

Zum Teil wurden Jesu Worte also ins genaue Gegenteil dessen verändert, was er wirklich gesagt oder gemeint hat.

Ein erstes Beispiel, das deutlich macht, was falsche Übersetzungen anstellen können: Milliarden Christen beten im »Vaterunser« Jesu berühmte Bitte an seinen Vater noch immer so: »... und führe uns nicht in Versuchung ...«. Diese angebliche Jesus-Bitte narrt die abendländischen Theologen seit 2 000 Jahren. Ein einziger Satz, und eine ganze Welt ändert sich durch eine falsche oder richtige Übersetzung. Der Versucher ist bei Jesus immer und grundsätzlich der Teufel. Er ist es, der uns »in Versuchung führen« will, aber doch nicht Gott, den uns Jesus als identisch mit Liebe vor Augen führt. Jesus: »Gott ist Liebe« und »Gott ist Geist«, erklärt uns der Nazarener. Er betet »Vater unser« und nicht »Vater Teufel« oder »Teufel unser«. Der Gott Jesu ist doch kein Zyniker und kein Sadist und auch kein Kontrollfreak, der kleinen Kindern unter die Bettdecke schaut, wie es mir im Religionsunterricht noch eingetrichtert wurde. Jesu »Abba« ist weder rachsüchtig noch mörderisch. Ein liebender Vater bestraft nicht und verdammt nicht. Und er führt seine Kinder nie in Versuchung – er hilft ihnen in Schwierigkeiten, aber bereitet ihnen keine.

In seinem Buch »Antichrist« schrieb Friedrich Nietzsche 1888 den großartigen Satz: »In der ganzen Psychologie des Evangeliums fehlt der Begriff Schuld und Strafe.« Damit hatte der angebliche Gottesleugner mehr vom Evangelium verstanden als Generationen von Theologen und kirchlichen Würdenträgern. In diesem einen Satz findet sich die ganze Frohe Botschaft des Nazareners: Freut euch – Schuld, Angst und Strafe sind theologische Konstrukte, um eine Angst machende Distanz zwischen Mensch und Gott herzustellen. Wir sind Gottes Kinder und werden von ihm geliebt. Der Gott Jesu ist kein rächender, kein strafender, kein zürnender, kein allmächtiger, kein verdammender Gott.

Am Eingang meines katholischen Internats in Sasbach bei Achern steht bis heute der erschreckende Satz aus dem Alten Testament: »Initium sapientiae – Timor domini« (Der Anfang der Weisheit ist die Furcht vor Gott). »Gottesfurcht« – für Jesus ist es ein Unwort. Doch für viele christliche Theologen ist die »Timor domini« noch heute die Basis ihrer Lehre. Als hätte Jesus dafür gelebt, als wäre er dafür gestorben: damit wir in Angst und Furcht leben.

Jesus weiß als Sprecher Gottes mehr über ihn, seinen Vater, als je ein Mensch zuvor. Deshalb ist es für uns alle wichtig, was uns der Nazarener über Gott in seiner Muttersprache hinterlassen hat. Nach Jesus ist Gott Urlicht, Urkraft, Urenergie, Urkeim alles Lebendigen. Vor allem aber ist er Liebe. Liebe ist seine Ureigenschaft, aus der sich alle anderen Eigenschaften Gottes herleiten wie die Wärme aus dem Feuer. Gott ist der große Ermöglicher, Satan ist das Böse, er ist der große Verhinderer.

In seinem Buch »Der Name Gottes ist Barmherzigkeit« meint Papst Franziskus, Gottes Eigenschaften seien Barmherzigkeit und Warmherzigkeit, nicht Kaltherzigkeit und Gleichgültigkeit. Nicht die kirchliche Doktrin stehe im Mittelpunkt des Glaubens, sondern Jesu Barmherzigkeit.

Jesu ganze Botschaft heißt: Das Gute ist möglich! Jesu Vertrauen in das Gute und Göttliche ist der fundamentale Unterschied zum alltäglichen Zynismus und Skeptizismus unserer Zeit. Umso wichtiger ist es, so genau wie möglich zu wissen, was Jesus wirklich gelehrt hat. So hat in der aramäischen Rückübersetzung Jesus niemals gelehrt, dass er Gott sei. Er war nach dem Johannes-Evangelium »das Ebenbild des unsichtbaren Gottes, der Erstgeborene der ganzen Schöpfung«. Durch ihn ist »alles geworden, und ohne ihn ist nichts geworden, was geworden ist«. (Kol 1,15 und Joh 1,1-3) Jesus war also Sohn Gottes und nicht Gott, wie es die Kirchen lehren. Er macht sich damit zu unserem Bruder. Denn jede und jeder von uns ist ein »Sohn Gottes« oder eine »Tochter Gottes«. In der aktuellen Flüchtlingsdiskussion heißt dies: Es gibt keine Ausländer – alle Menschen auf diesem Planeten sind Geschwister, Kinder Gottes.

Politisch ausgedrückt ist Jesus Gottes Regierungssprecher. Ist die Bibel also das Wort Gottes? Sie ist Menschenwerk, von Gott wohl inspiriert, aber sicher nicht diktiert. Deshalb muss jede Zeit sich bemühen, die Bibel und Jesus neu zu verstehen.

Jesus selbst hat nichts Schriftliches hinterlassen. Und seine späteren Übersetzer waren irrende Menschen oder auch – erst viele Jahrzehnte nach Jesus – Theologen mit eigenen Vorstellungen von einem irdischen »Reich Gottes«, das Jesus stets abgelehnt hatte. Sie glaubten, ihn an vielen Stellen korrigieren und – psychologisch gesprochen – durch ihre eigenen Projektionen, durch ihre eigene Brille, verbessern zu müssen. Welch eine Anmaßung. Exakt aus solchen »Korrekturen« wurden schließlich Fälschungen.

Deshalb versuche ich, mit Hilfe der Vorarbeiten von Günther Schwarz die Schätze des Evangeliums in 100 Jesusworten vom alten Rost zu befreien und diese Jesus-Perlen neu erstrahlen zu lassen. Natürlich ist das eine subjektive Auswahl. Und natürlich ist nicht alles falsch, was uns bisher im »griechischen« Neuen Testament überliefert wurde. Meine eigene Erfahrung nach der Lektüre der Erkenntnisse von Günther Schwarz aber ist: Ich verstehe Jesus jetzt besser. Und dafür bin ich sehr dankbar.

Ein weiteres Beispiel für schreckliche Übersetzungsfehler oder eine bewusste Fälschung aus dem Lukas-Evangelium: In Lk 14,26 gibt Jesus nach der griechischen Einheitsübersetzung diese sehr zweifelhaften Empfehlungen: »Wenn jemand zu mir kommt und nicht Vater und Mutter, Frau und Kinder, Brüder und Schwestern, ja sogar sein Leben gering achtet, dann kann er nicht mein Jünger sein.«

Was soll dieser menschenfeindliche Unsinn, der jeder gesunden praktischen Lebenserfahrung widerspricht? Ist es verwunderlich, dass die meisten Christen und Nichtchristen mit solchen Empfehlungen nichts anfangen können, darüber den Kopf schütteln und zur Tagesordnung übergehen? Es wäre schlimm, wenn jemand diesen Furcht erregenden Quatsch ernst nehmen würde. Wenn Jesus das wirklich so gesagt hätte, dann wäre es höchste Zeit, dass wir ihn vergessen. Aber es steht nun mal genau so in der »Frohbotschaft« Jesu. Was also tun? Genauer hinschauen. Jesu Worte in der Rückübersetzung:

»Wenn jemand zu mir kommt
und nicht zurückstellt sein eigenes Selbst,
ist es unmöglich, dass er mein Jünger sei.«

Günther Schwarz zum herkömmlichen, aus dem Griechischen übersetzten Text: »Diesem Wortlaut kann niemand entnehmen, was Jesus wirklich gesagt und gemeint hat. Doch sobald der Text in Sinnzeilen zerlegt wird, fällt die unjesuanische Vielwörterei (die von einem anderen stammt) wie von selbst von ihm ab ... Ich versichere: Die Wahl der aramäischen Äquivalente und deren Wiedergabe in Deutsch war in keinem Fall unsicher ... So hat Jesus formuliert: so knapp und so klar. Diesem Urteil liegen Rückübersetzungen großer Teile der Jesus-Überlieferungen zugrunde und ein sorgsames Achten auf seinen Sprachgebrauch. Nachzutragen ist noch: Diese Methode, die Rückübersetzung aus dem Griechischen ins Aramäische, findet nicht in einem Vakuum statt. Eine kompetente Hilfe bietet die syrische Evangelien-Übersetzung. Sie ist ja doch die erste Rückübersetzung aus dem Griechischen ins Ostaramäische: noch heute die Sprache syrisch-orthodoxer Christen.«

Was Jesus wirklich gesagt hat

Warum ist das Neue Testament das meistgekaufte, aber am wenigsten gelesene Buch der Welt? Warum waren die Menschen am See Genezareth vor 2 000 Jahren verrückt nach Jesus – wie Matthäus schreibt – und warum hat er uns heute so wenig zu sagen? Liegt das an Jesus oder an uns?

Ein kurzer Ausblick auf das, was Sie, liebe Leserin und lieber Leser, in diesem Buch erwartet:

Jesus hat keinen strengen Richter-Gott verkündet, sondern einen liebenden, ja, einen mütterlichen Vater. Sein »Abba« war ein Papi. Seine Mutter war natürlich keine »Jungfrau«, sondern eine junge Frau. Das Wort »Jungfrau« im biologischen Sinn gibt es im Aramäischen gar nicht. Wenn Theologen wie der ehemalige Papst Benedikt in einem Buch oder der »Katholische Katechismus« allen Ernstes erklären, dass Maria biologisch Jungfrau gewesen sein muss – und zwar »vor, in und nach der Geburt« –, schafft man eine Schizophrenie des Bewusstseins, die zur Psychose führen kann.

So verhält es sich auch mit dem Stuhl Petri. Das Papsttum ist von Jesus nicht gewollt, sondern eine spätere Fälschung. Die berühmte Weisung »Du bist Petrus, der Fels, und auf diesen Felsen will ich meine Kirche bauen« ist – im Aramäischen leicht nachweisbar – ein Wort des Himmels an Jesus und kein Wort des Jesus an Petrus. Dieser war der erste Bischof von Rom und hat sich nie als »Papst« verstanden.

Jesus hat sich nicht als Gott bezeichnet, sondern – wie alle Menschen – als »Kind Gottes«. Vom theologischen Konstrukt einer »Dreifaltigkeit« hat er nie gesprochen. Er war ein radikaler Pazifist und ein Aufsehen erregender Heiler. Im Geiste Jesu können Menschen anderen Menschen niemals Sünden vergeben. Das kann allein Gott. Was lehrte Jesus über die Sexualität? Ist auch die Bergpredigt eine Fälschung? Das christliche »Glaubensbekenntnis« hätte Jesus niemals mitbeten können, weil er keinen »dreieinigen« Gott und keinen

»allmächtigen« Vater kannte und nicht glaubte, von einer »Jungfrau« geboren worden zu sein. Die Kreuzigung hat er überlebt, den Tod überwunden. Er wollte niemals jemanden »richten«, er war der Anwalt seiner Freunde. Jesus warnte nicht vor Dirnen, nicht vor Kriminellen und nicht vor »Asozialen«, aber er warnte ständig vor Schriftgelehrten, Gesetzeslehrern, Pharisäern und vor »Glaubenshütern«, die allesamt behaupten, Gott gefunden zu haben. Judas war auch nicht der »Verräter« Jesu, sondern sein Helfer und Freund (siehe Kapitel 95). Was Jesus gelehrt hat, war vor allem für die Frommen skandalös: Alles Entscheidende ereignet sich für die Suchenden und für die Wartenden und nicht für die scheinbar Frommen. Die Intention Jesu: Plappert nicht nach, was euch die Obrigkeiten vorbeten. Er wollte keinen Gehorsam, sondern Freiheit.

Jesu Muttersprache Aramäisch ist die entscheidende Hilfe zum wirklichen Verständnis des *einzigartigsten* Menschen aller Zeiten. Jesus sprach die Sprache, die zwischen 200 »vor Christus« bis etwa 800 nach dieser Zeitrechnung die Hauptsprache im gesamten Vorderen Orient war. Deshalb ist uns Jesus im griechischen Neuen Testament sehr widersprüchlich und unverständlich überliefert. Jesus war überzeugt davon, dass *alle* Menschen bei Gott enden werden – wenn auch erst nach vielen Leben und vielen Wiedergeburten. Mit seiner fundamentalen Botschaft, dass das Göttlichste an Gott die Liebe ist, wurde er der Träger und Treiber der wahren Weltrevolution und einer besseren Welt.

Er hat mit absoluter Sicherheit keine »schwarze Pädagogik« gelehrt, mit deren Hilfe über Jahrtausende Kinder verängstigt und verprügelt wurden, sondern eine von Liebe, Toleranz, Verständigung und Achtsamkeit getragene Gotteslehre und Gottesliebe. Sätze wie »Ich bin nicht gekommen, um Frieden zu bringen, sondern das Schwert« kann der Jesus der Bergpredigt niemals gesagt haben, obwohl sie bis heute in allen viereinhalb Milliarden Ausgaben des aus dem Griechischen übersetzten Neuen Testaments stehen: in Matthäus 10,34, wie Sie in jeder Bibel nachlesen können. Diesen und ähnlich gefährlichen Unsinn zu entlarven, ist Anliegen des vorliegenden Buches. Man denke nur, mit welcher Inbrunst Christen auf der ganzen Welt den Muslimen vorwerfen, sie würden einer »Schwert-Religion« angehören. Im offiziellen »griechischen« Neuen Testament hat Jesus gleich dreimal seinen Freunden empfohlen, zum Schwert zu greifen, was er in Wirklichkeit natürlich niemals tat. »Schwert« meint nichts anderes als Krieg. Es ist das alte Kriegsdenken: Ohne Schwert geht gar nichts. Alles soll einfach so weitergehen, wie es schon immer war in den Schwert-Religionen: Zur Verteidigung von Menschenwürde und Menschenrechten brauchen wir halt immer noch Soldaten und Bomben. Leider! Leider!

Damit aber wird Jesu ganze Sendung in Frage gestellt. Wir können die Heuchelei und die Uneinigkeit der verschiedenen Religionen nur beenden, wenn wir in allen Religionen lernen, ihre Urbotschaften wieder zu entdecken. Im Christentum ist das der »aramäische« Jesus. Was Jesus statt des Schwert-Wortes wirklich gesagt hat, lesen Sie in den Kapiteln 27 und 28.

Jesus wurde schon immer missverstanden. Vor 2 000 Jahren wurde er missverstanden, weil seine theologischen und politischen Gegner an ihren Dogmen, Gesetzen und Machtansprüchen festhielten und ihre Gebote ihnen wichtiger waren als der menschenfreundliche Gott, den Jesus lehrte. Ein Gott, vor dem man keine Angst haben muss, war ihnen geradezu unheimlich. Deshalb glaubten sie, Jesus kreuzigen zu müssen.

Später wurde Jesus missverstanden, weil die Menschen 2 000 Jahre lang nicht verstehen konnten oder wollten, was Jesus über Vertrauen, Liebe, Feindesliebe und Barmherzigkeit gelehrt hat. Es war wiederum die Angst, die aus dem Angebot Jesu »Gebote« machte, welche die Quelle ihres Lebens mit tödlicher Furcht vergifteten. Immer wollten Menschen sein, was sie nicht sind, und wollten nicht sein, was sie sind. Erst die Angst ließ Menschen tun, was sie von Anfang an nicht tun wollten, zum Beispiel Kriege führen oder im Privatleben Gewalt anwenden und Kinder schlagen oder ängstigen.

Für Jesus war zu träumen wichtiger als zu funktionieren, zu lieben wichtiger als nur zu leben und zu fühlen wichtiger als nur zu denken, sich zu freuen wichtiger als sich zu fürchten. Deshalb war er gefährlich, und deshalb musste er beseitigt werden. Den Gesetzeslehrern aller Zeiten aber war zu verhören wichtiger als zuzuhören, zu erziehen wichtiger als zu entfalten und zu gehorchen wichtiger als zu vertrauen. Der äußere Gehorsam des Kollektivs gegenüber den Vertretern von »Gesetz und Ordnung« war immer wichtiger als die Kraft innerer Überzeugung und persönlicher Erfahrung des Individuums – und dessen Gewissen.

Vertrauen statt Angst

Und heute im Zeitalter der Psychotherapie und der möglichen Angstüberwindung kann Jesus immer noch nicht richtig verstanden werden, weil viele seiner Worte aus dem Griechischen in alle Sprachen der Welt falsch übersetzt sind. Jesus nicht zu verstehen ist somit leichter, als ihn zu verstehen.

Der »aramäische« Jesus, den Günther Schwarz wiedergefunden hat, widerspricht an vielen Stellen dem traditionellen Klischee des »griechischen« Jesus. Vertrauen in einen liebenden Gott mildert unsere Angst und besiegt die Verteufelung des Menschen. Der Gott Jesu will und hat von Ewigkeit her gewollt, dass es Dich und mich gibt. Er ist verliebt in uns. In Dich und mich. Alles wird gut, wenn wir der Hölle der Angst entkommen sind, lehrt der wunderbare junge Mann aus Nazareth (siehe Kapitel 57, 64, 92 und 98).

2 000 Jahre lang haben theologische Gesetzeslehrer, Gottesbesitzer und Gottesverwalter schamlos laut über Gott gepredigt, anstatt ihn in ihrem Herzen, ihrem Gewissen und in ihren Träumen zu suchen. Durch das viele Reden über Gott haben die meisten Menschen den Kontakt zu ihm über ihre geistige Nabelschnur verloren.

Entscheiden Sie mit Hilfe der Rückübersetzungen in diesem Buch selbst, welcher Wortlaut Sie am meisten berührt, anspricht, trifft und betrifft. Der »aramäische« Jesus bringt Bilder einer neuen Welt in unsere Welt.

Bei dieser Arbeit soll das Wort des bekannten jüdischen Theologen und Jesus-Freundes Pinchas Lapide gelten: »Nicht was über Jesus und nach ihm gesagt worden ist, soll gelten, sondern was er selbst gesagt, getan und gewollt hat, unvermischt und unverwandelt, das allein soll den Ausschlag geben.«

Wer war Jesus wirklich?

1. Was sagte Jesus über sich?

»Kein Mensch weiß, wer ich bin,
und kein Mensch weiß, wer Abba ist –
außer – ich will es ihm enthüllen.«

(Lk 10,22 / Mt 11,27 RÜ)

Das gesamte und gesammelte Gottvertrauen Jesu ist in diesem Satz enthalten. Er weiß, wer Abba ist, sein Vater, und er will ihn uns enthüllen. Mit einem größeren Geschenk kann uns niemand beglücken. Nach Jesus ist Gott Ur-Licht, Ur-Kraft, Ur-Energie und Ur-Keim alles Lebendigen. Vor allem aber ist er Liebe und Barmherzigkeit. Was aber ist Liebe? Sicher mehr als ein christliches Dogma. Sie ist ein Ideal, das uns beflügelt, eine Sehnsucht, die uns treibt, ein Paradies, von dem auch Atheisten träumen. Liebe, sagt der Dalai Lama, ist das Herz aller Religionen. Jesus sagt: Gott ist Liebe. An Gott zu glauben heißt also, an die Liebe zu glauben. Und an die Liebe zu glauben heißt, an Gott zu glauben. Wenn Jesus vom »Vater« spricht, meint er primär die Mütterlichkeit Gottes. Ein Erbarmen ohne Grenzen und ein Vertrauen ohne Wenn und Aber.

Das größte Rätsel menschlichen Lebens und Fragens ist gelöst. Dafür bürgt niemand anders als der wunderbare junge Mann aus Nazareth selbst. Welch ein Anspruch! Welch ein Vertrauen in die Liebe Gottes zu uns Menschen! Sein Gott ist ein Vater, ein Papi, ein mütterlicher Vater. Welch ein Wort Jesu an seine Schüler und an uns, die Schüler seiner Schüler. Worte mit Ewigkeitswert. Er fühlt sich mit diesem Wort über seinen Vater von diesem voll akzeptiert und liebend angenommen. Nie wurde uns über Gott Wahrhaftigeres, Schöneres, Vertrauenswürdigeres und Menschfreundlicheres gesagt.

Bei seiner Taufe schon, am Jordan bei Johannes, am Beginn seines öffentlichen Auftretens, »sah« Jesus den »Himmel offen« und »hörte« die Stimme seines Vaters sagen: »Du bist mein geliebter Sohn.« Für mich ist das die entscheidende Sekunde der Weltgeschichte. Wir haben ein neues Menschenbild, ein neues Gottesbild, ein neues Weltbild: Gott, kein strafender Tyrann, sondern ein liebender Vater und eine liebende Mutter.

Jesus fühlt sich von seinem Vater geliebt und weiß jetzt, dass dieser Gott, der »Herr des Himmels und der Erde« ist. Und er antwortet voller Vertrauen und Zutrauen seinem gütigen Vater: »Ich stimme Dir zu, Vater, Herr des Himmels und der Erde, dass du Ungebildeten offenbart hast, was Gebildeten verborgen ist. Ja, Abba, denn so ist es dein Wille.« (Lk 10,21 und Mt 11,25.26 RÜ)

Gerade heute, in einer so genannten »vaterlosen« Gesellschaft (Alexander Mitscherlich) dürfen sich nach dem Zeugnis Jesu *alle* Menschen von einem väterlichen Gott mit vielen mütterlichen Eigenschaften genau so angesprochen fühlen wie Jesus vor 2 000 Jahren: »Du bist mein geliebter Sohn.« Oder: »Du bist meine geliebte Tochter.« Gott liebt dich und mich. Er hat uns von Ewigkeit her gewollt. Wir sind Berufene. Unser Hiersein als Kinder Gottes hat einen tiefen Sinn. Keiner und keine werden verloren gehen, alle werden den Weg nach Hause finden, wenn auch erst nach vielen Umwegen und mehreren Wiedergeburten. Jede Wiedergeburt ist unsere nächste Chance. Die Frage aller Fragen an ein gelingendes Leben heißt: Ist der Tod furchtbar oder fruchtbar? Reinkarnation bedeutet, dass am Ende noch lange nicht Schluss ist (zum Thema »Wiedergeburt« siehe Kapitel 60 und 61). Wir können auf diese Weise Worte über Jesus hören, die wir noch nie gehört haben. Der Mann aus Nazareth ist für uns die Brücke zu Gott. Wir existieren, so wie wir sind, nach Gottes Plan: wie auch Jesus. Und so, wie Gott zu Jesus sprach, so spricht er zu uns, wenn wir lernen, mit dem Gehör der Seele zu hören und mit den Augen der Seele zu sehen. Wenn wir lernen, auf unsere Träume zu achten, dann steht auch für uns der »Himmel offen«.

Gott selbst ist uns Vater und Mutter: »Abba«, Papi und Mami. Diese tiefe Erkenntnis kann in jedem von uns eine ungeheure Lebens- und Liebesenergie wecken, und sie kann uns erwärmen wie die ersten Sonnenstrahlen nach dunklen langen Wintertagen. Wir dürfen genau so sein, wie wir sind. Als Kinder Gottes sind wir niemandem mehr rechenschaftspflichtig. Das ist wahre Liebe: Wir sind erkannt im Himmel und geliebt auf dieser Erde – unabhängig von den Urteilen gelehrter Theologen und selbstherrlicher Kirchenlehrer. Jesus selbst hat – zum Glück für die Menschheit – kein einziges Semester Theologie studiert. Er gehört als »Dörfler« aus Nazareth (Hans Küng) – das Nest in Galiläa hatte damals zwischen 100 und 150 Einwohner – für immer zu den »Ungebildeten«, weil er Gott mit dem Herzen gesucht und bei seiner Taufe bei »offenem Himmel« gefunden hat. Deshalb verachteten ihn die Theologen und Gottesgelehrten seiner Zeit. Es war für sie ungeheuerlich, dass er bei keinem von ihnen studiert hatte und trotzdem Gott als seinen »Vater« bezeichnete.

Wie also sieht Jesus sich selbst? An keiner Stelle des Neuen Testaments sagt Jesus, dass er Gott sei. Immer betont er, dass er »Gottes Sohn« ist. Ein Sohn ist ein Sohn und nicht sein Vater! Sein Auftrag vom Vater: *Allen* den Weg zu Gott zu zeigen. Die mögliche Rettung *aller*, auch der von Gott Abgefallenen, das ist seine Freudenbotschaft. Dieser Botschaft wegen haben wir Jesus nach 2 000 Jahren noch nicht vergessen.

Die größte und jesusfeindlichste Irrlehre der Kirchen ist die von der »ewigen Hölle« und den »ewigen Höllenstrafen«. Der Kern der Frohbotschaft Jesu ist, dass sein »Vater« *alle* und alles retten will und retten wird. Verhängnisvollerweise haben die Kirchen diese Frohbotschaft zu einer Drohbotschaft verfälscht. Jesus ist nach seiner Selbstaussage die »Quelle lebendigen Wassers«. Doch diese frische und lebensspendende Quelle wurde im Lauf der Jahrhunderte verschmutzt und vergiftet. Nur eine Rückkehr zu dieser Quelle des »aramäischen« Jesus macht es möglich, dass wir Jesu Auftrag wieder verstehen, ihm folgen und auch die vielen ärgerlichen Kirchenspaltungen überwinden können. Entscheidend ist, dass die Rückkehr *aller* zu Gott nur in Freiheit möglich ist. Gott zwingt niemanden auf die Knie. Jeder Zwang ist gottwidrig und jesuswidrig. Das größte Geschenk, das Gott jedem von uns gab, ist unser freier Wille.

2. Jesus – von Gott gesandt

»Ich bin hervorgegangen aus Abba (dem Vater = Gott).
Und ich bin gekommen auf die Erde.
Und ich werde scheiden von der Erde.
Und ich werde zurückkehren zu Abba.«

(Joh 16,28 RÜ)

Jesus beantwortet die wesentlichen Sinnfragen unserer Zeit: Woher kommen wir, wohin gehen wir und wozu sind wir hier? Was ist uns die Freiheit wert? Wir kommen von Gott, wir sind auf dem Weg zu Gott und wir werden zu Gott zurückkehren, so wie es unser Bruder Jesus gesagt, erfahren, erlebt und gewusst hat. Jesus ohne jedes Wenn und Aber, ohne jeden Zweifel: »Ich komme von Gott und ich werde zu Gott zurückkehren. Gott ist ein Gott der Liebe und nicht der Angst. Und ich bin bereit, für diese Überzeugung zu sterben.« Alles, was er uns lehren wollte, war dies: Es geht einzig um ein tiefes Vertrauen zur Väterlichkeit und Mütterlichkeit Gottes. Dafür bürge ich, hat er seinen Aposteln vermittelt. Er zeigt ihnen seine innere Nähe zu Gott auf. Er zeigt, dass es keinen Grund gibt, sich vor dem Tod zu fürchten, weil das Sterben kein Tod, sondern ein Hinübergehen, ein Hinüber*reifen* ist. Die nur scheinbare Trennung führt zu einem ewigen Wiedersehen.

In welcher Situation hat Jesus so überzeugt und überzeugend geredet? Das hier zitierte Jesuswort gehört zu seinen Abschiedsreden. Er richtete diese Abschiedsworte an seine Freunde. Er wusste, was ihm die Stunde geschlagen hat. Es gab jetzt kein Zurück mehr. Er musste und wollte seinen Weg ans Kreuz zu Ende gehen. Es ging schließlich um seine Botschaft der Freiheit, der Liebe und der Menschlichkeit gegenüber der alten Religion und ihren Vertretern von Unfreiheit, Angst und Unmenschlichkeit. Es ist eine Auseinandersetzung um Leben und Tod. Er meinte: Es geht um alles. Vergesst Religionen und Konfessionen. Der Vater, von dem ich komme und zu dem ich zurückkehre, ist der große Liebende für *alle* Menschen. Was euch fehlt, um das selbst zu erfahren, ist lediglich Vertrauen. Ihr braucht keine Gesetzeswächter und keine Glaubenshüter, hört auf eure innere Stimme und folgt dem Ruf, den Gott in eure Seele sendet. Fühlt euch von Gott getragen und in ihm geborgen, so wie auch ich es tue. Die Liebe ist stärker als der Tod. Darauf könnt ihr vertrauen. Gott rief uns mit Sicherheit nicht ins Leben, um uns dann ein für alle Mal sterben zu lassen.

Eugen Drewermann hierzu: »Gott verdient unser Vertrauen nur, wenn er und weil er im Tode uns nicht allein lässt.« Der Tod ist kein Tod, sondern der Weg zum Vater. Und schließlich wollte uns Jesus sagen: Ihr könnt nie tiefer fallen als in Gottes Hände. Wir sind nicht für den Tod geschaffen, sondern für das Leben.

3. »Ich war vor Abraham«

Jesus sagte zu den Schriftgelehrten:

»Abraham wünschte mich zu sehen.
Und er sah mich und freute sich.
Sie erwiderten:
Du bist noch nicht 50 Jahre alt
Und Abraham hat dich gesehen?
Jesus entgegnete:
Bevor Abraham war, war ich.«

(Joh 8,56-58 RÜ)

Dieser Jesus! Er will älter sein als Abraham, der etwa 2 000 Jahre vorher gelebt hat. Das ist doch der reine Wahnsinn! Und Gotteslästerung dazu. Man hält ihn für völlig übergeschnappt. So einer muss beseitigt werden.

Da sagt ein junger Mann von etwa 30, er sei älter als Abraham und dieser habe gewünscht, ihn zu sehen. Und als er ihn gesehen habe, sei dieser erfreut gewesen. So macht es Jesus seinen Gegnern natürlich leicht. Sie konnten seine Einzigartigkeit und seine göttliche Herkunft nicht verstehen.

Heute würde so jemand wahrscheinlich in die Psychiatrie eingeliefert werden. Noch deutlicher wird Jesus in einem seiner außerbiblischen Worte, die – seinen vollen Auftrag erklärend – poetisch geformt wie alle seine Worte so lauten:

4. Ich werde alle ins Licht führen

»Ich habe empfangen – von Abba –
alle Vollmacht:
damit ich ins Licht zurückführe,

die in der Finsternis sind,
damit ich in die Wahrheit zurückführe,
die im Irrtum sind,
damit ich ins Leben zurückführe,
die im Tod sind.«

(Epistola Apostolorum RÜ)

Solche Worte sind unerhört und neu in der Menschheitsgeschichte. Alle sollen gerettet werden – ausnahmslos alle –, das heißt »ins Licht zurückgeführt«, in die Gottesherrschaft, in die geistige Welt. In Gottes ewige Herrlichkeit und Heimat. Dafür bürgt Jesus: Der gute himmlische Vater will, dass keines seiner Kinder verloren geht.

Menschen mit Nahtoderfahrung beschreiben einen ersten Blick in diese Welt mit unvorstellbar schönen Bildern. Die zentrale Botschaft aller Nahtoderfahrenen in allen Kulturen, Religionen und Weltanschauungen, die diese von ihren Begegnungen mit dem Tod oder auch mit »Lichtwesen aus der geistigen Welt« mitbringen, ist immer die gleiche, nämlich diese: dass die wichtigsten Werte im Leben Liebe und Mitgefühl, Wissen und Weisheit sind. In Deutschland leben bereits etwa zwei Millionen Menschen mit Nahtoderfahrungen, in den USA bis zu acht Millionen. Diese Menschen leben nach ihrer »Rückkehr« mit anderen Wertvorstellungen als zuvor. Sie verändern die Gesellschaften, in denen sie leben, von unten. Darüber gibt es unzählige Berichte von Elisabeth Kübler-Ross, Kenneth Ring, Bruce Greyson, Raymond Moody und vielen anderen. Bruce Greyson schreibt dazu: »Auf der Grundlage meiner nun jahrelangen Beobachtung von Nahtoderfahrungen bin ich zu der Überzeugung gelangt, dass es diese Erfahrungen gibt, damit wir lernen, anderen zu helfen.« Und Kenneth Ring: »Ich glaube ... dass die ganze Menschheit kollektiv um das Erwachen zu einem neuen und höheren Bewusstseinszustand kämpft ... und dass die Nahtoderfahrung als ein Mittel der Evolution angesehen werden kann, diese Transformation über einen Zeitraum von mehreren Jahren in Millionen von Menschen voranzutreiben.«

Wie nirgendwo sonst macht Jesus in der außerbiblischen Epistola Apostolorum seinen Auftrag deutlich. Um diesen Auftrag erfüllen zu können, müssen Menschen mehrmals geboren werden und durch diese Wiedergeburten immer wieder eine neue Chance erhalten. Günther Schwarz konnte durch seine Rück- und Neuübersetzungen aufzeigen, dass Jesus in seiner Muttersprache mindestens acht Mal von Wiedergeburt sprach (siehe Kapitel 60 und 61). Die Reaktion seiner Zuhörer können wir uns vorstellen. Realistischerweise müssen wir davon ausgehen, dass diese Worte Jesu in ihrer vollen Bedeutung weder innerhalb noch außerhalb der christlichen Kirchen bis heute wirklich verstanden oder ernst genommen wurden. Sonst müsste das Glaubensbekenntnis anders lauten.

Matthäus bringt am Schluss seines Evangeliums (Mt 28,16-20) einen Hinweis auf dieses wichtige Jesuswort – allerdings in völlig verzerrter und maßlos gesteigerter Form. In der Rückübersetzung aus dem Aramäischen der »Epistola Apostolorum« hat Jesus »von Abba alle Vollmacht« erhalten, mit seiner Botschaft, *allen* Menschen den Weg zum Vater zu zeigen. Es war also eine begrenzte Vollmacht. Doch im griechischen Text bei Matthäus wurde daraus eine generelle »Allmacht im Himmel und auf der Erde«. Dazu Günther Schwarz: »Der Unterschied zwischen beiden Texten ist so gewaltig, dass man den des Matthäus eine Fälschung nennen muss. Denn hätte Jesus alle Macht im Himmel und auf der Erde, dann trüge *er* die Verantwortung für die satanischen Zustände auf der Erde.«

5. Jesu Sendung

»Ich kam nicht auf die Erde, um Unheil zu bringen,
sondern ich kam auf die Erde, um Heil zu bringen.
Ich kam nicht auf die Erde, um zu bestrafen,
sondern ich kam auf die Erde, um Menschen wiederzubeleben.
Wer ist größer – der zu Tisch liegt oder der bedient?
Ich kam nicht auf die Erde, um zu Tisch zu liegen.
Ich kam nicht auf die Erde, um bedient zu werden,
sondern ich kam auf die Erde, um zu bedienen.
Ich kam dazu auf die Erde, um für die Wahrheit Zeugnis abzulegen.
Jeder, der aus der Wahrheit lebt, er gehorcht meiner Stimme.
Ich kam auf die Erde, um das Verlorengegangene zu suchen.«

(Joh 5,26.27 / Lk 22,27 / Joh 18,37 / Lk 19,10 RÜ)

Heil bringen und nicht Unheil, wiederbeleben und nicht bestrafen, dienen und nicht bedient werden, Zeugnis für die Wahrheit ablegen und Verlorenes wiedersuchen – das alles wollte Jesus. Aber was wurde daraus? In seinem Namen wurden und werden Kriege geführt – bis heute. Was würde Jesus dazu sagen ...

- dass die Reichen immer reicher und die Armen immer ärmer werden?
- dass »christliche« Politiker in den USA und in Europa verantwortlich sind für Waffenexporte, die Millionen Menschen das Leben kosten?
- dass das Mittelmeer – einst der Kulturraum des christlichen Abendlandes – in den letzten 20 Jahren zum Massengrab von mindestens 20 000 Flüchtlingen aus Afrika und dem Nahen Osten wurde?
- dass wir heute durch unseren Energieverbrauch an einem Tag 150 Tier- und Pflanzenarten ausrotten?

- dass heute auf unserem reichen Planeten jeden Tag etwa 30 000 Menschen verhungern?

Das ist das traurige Ergebnis einer Welt der globalisierten Gleichgültigkeit. Wo bleibt der Gehorsam gegenüber der Botschaft Jesu vom Reich Gottes? Die Pharisäer seiner Zeit hat der Mann aus Nazareth »Heuchler«, »Natterngezücht« und »Schlangenbrut« genannt. Er würde heute zu uns nicht anders reden.

Ganz in diesem Sinn sagt Papst Franziskus zur Differenz zwischen dem Jesus-Programm und der heutigen Praxis in der römisch-katholischen Kurie im Vatikan: »Ihr seid von spirituellem Alzheimer befallen und von Größenwahn. Ihr dient nicht, sondern ihr lasst euch bedienen.« Er warf den Kirchenfürsten um sich herum im Vatikan öffentlich vor, sie seien »Karrieristen, Egozentriker und gottlose Bürokraten«, denen Macht und Pracht wichtiger seien als die jesuanische Nähe zu den Armen. Der real existierende Kapitalismus sei ein »Wirtschaftssystem, das tötet«. Der Papst tadelt ihren jesusfernen »Hochmut« und unterstellt ihnen »Habgier« sowie »Geltungssucht«. Dieser Papst spricht Klartext, und er ist damit in der Spur Jesu. »Das Ja sei ein Ja und das Nein ein Nein! Was darüber hinausgeht, ist vom Satan.« (Jesus in Mt 5,37 RÜ)

Das neue, 2016 erschienene Buch das Papstes »Der Name Gottes ist Barmherzigkeit« geriet zum Appell an *alle* Menschen, ob Christen, Agnostiker oder Atheisten. Franziskus macht wieder einmal deutlich, dass er sich Häftlingen und Flüchtlingen besonders verbunden fühlt. »Warum die und nicht ich?«, frage er sich bei jedem Gefängnisbesuch. Er erzählt die Erfahrung mit einer Frau aus Argentinien, die »ihren Körper verkaufen musste, um ihre Kinder zu ernähren«. Sie dankte dem heutigen Papst dafür, dass er sie immer mit »Frau« angesprochen und ihre Würde geachtet habe. Und wieder plädiert Franziskus dafür, »Homosexuelle nicht auszugrenzen ...

Die Kirche ist nicht auf der Welt, um zu verurteilen, sondern um den Weg zu bereiten für die ursprüngliche Liebe, die die Barmherzigkeit Gottes ist.«

6. Wohin gehen wir? Woher kommen wir?

»Im Hause Abbas gibt es viele Ruhestätten.
Ich! Ich werde hingehen, um vorzubereiten
einen Platz für euch,
damit dort, wo ich sein werde, auch ihr sein könnt.«

(Joh 14,1-3 RÜ)

Wer diesem gewichtigen und gewaltigen Wort Jesu vertraut und es versteht, kann seine Angst vor dem Tod überwinden. Dann können wir hinüber*reifen* in die geistige Welt, in die Welt Gottes, der wollte, dass wir leben, in die Welt, die wir Liebe nennen. Auf uns wartet »drüben« die ganz große Liebe. Da ist jemand, der sich nach uns sehnt: der uns alle liebende Gott, unser mütterlicher Vater. Und Jesus selbst bereitet dieses große Treffen vor. Er ist unser Quartiermacher in der geistigen Welt: Das sagt er selbst. Die moderne Sterbeforschung und viele, die eine Nahtoderfahrung hatten, bestätigen genau diese Frohe Botschaft des Nazareners. Der Tod ist keine ewige Trennung von unseren Lieben, sondern ein Warten aufeinander.

Der Schweizer Tiefenpsychologe C. G. Jung meinte, alles, was man zum Leben brauche, sei Glaube, Hoffnung, Liebe und Einsicht. Menschen, die diese inneren Schätze erworben haben, beschrieb er so: »Sie kamen zu sich, sie konnten sich selbst annehmen, sie waren imstande, sich mit sich auszusöhnen, und dadurch waren sie auch mit ungünstigen Umständen und Ereignissen versöhnt. Dies gleicht dem, was man früher mit den Worten ausdrückte: Er hat seinen Frieden mit Gott gemacht, er hat seinen eigenen Willen geopfert, er hat sich dem Willen Gottes unterworfen.« Der Psychotherapeut hat während seines langen Lebens 80 000 Träume analysiert und kam zur Einsicht: »Unter all meinen Patienten jenseits der Lebensmitte ... ist nicht ein einziger, dessen endgültiges Problem nicht das der religiösen Einstellung wäre. Ja, jeder krankt in letzter Linie daran, dass er das verloren hat, was lebendige Religionen ihren Gläubigen zu allen Zeiten gegeben haben, und keiner ist wirklich geheilt, der seine religiöse Einstellung nicht wieder erreicht, was mit Konfession oder Zugehörigkeit zu einer Kirche natürlich nichts zu tun hat.«

Wer begreift, schreibt Eugen Drewermann, dass sein Leben noch einmal ganz neu beginnt unter der Perspektive, die Jesus vermittelt, lernt eine befreiende Menschlichkeit kennen: »Wir bedürfen eines menschlichen Gegenübers, um unsere Menschlichkeit zu finden, und eben ein solches absolutes Gegenüber unserer Menschlichkeit will der Jesus des Johannes-Evangeliums uns vermitteln durch die Nähe seiner Person, die geformt ist von dem Vertrauen zu seinem Vater.«

Nur wenig später sagt Jesus im Johannes-Evangelium: »Euren Frieden lasse ich euch. Meinen Frieden gebe ich euch.« (Joh 14,27 RÜ) Jesus meint freilich nicht den perversen Frieden der Politik und der Militärs, der heute zum Beispiel in Syrien und im Irak herbeigebombt werden soll, sondern *seinen* Frieden. Das ist eher ein Frieden, ein wahrer Frieden, den Mahatma Gandhi so beschrieb: »Der Frieden ist nicht das Ziel, der Frieden ist der Weg; wer nicht damit beginnt, kommt auch niemals dort an.« Das ist ein Frieden, den Jesus in seiner Bergpredigt mit dem Wort »Feindesliebe« beschrieben hat. Und Feindesliebe heißt ganz konkret und praktisch und pragmatisch: Sei klüger als dein Feind. Suche Wege, um die Teufelskreise der

Gewalt zu verlassen und zu durchbrechen. Und dabei zeigt uns Jesus diesen Königsweg: Habt mehr Vertrauen, ihr Kleingläubigen!

7. Mit der Bergpredigt regieren?

»Wohl euch, ihr Armen! Wohl euch, ihr Trauernden,
denn euch wird Gott froh machen lassen.
Wenn sie euch hassen und tadeln
Und euch in schlechten Ruf bringen –
Freut euch und jubelt in jenen Tagen!
Denn seht! – Groß ist euer Verdienst in den Himmeln.
Jedem, der dich schlägt auf deine Backe –
Wende ihm zu auch deine andere!
Erbarmt euch derer, die euch anfeinden!
Tut Gutes denen, die euch hassen!
Segnet die, die euch verfluchen!
Denn euch wird Gott reich machen lassen.
Wohl euch, ihr Hungernden,
Denn euch wird Gott satt machen lassen.«

(Die Bergpredigt Mt 5,3-12 RÜ)

Anfang der Achtziger Jahre, auf dem Höhepunkt der atomaren Nachrüstung, haben die damals Mächtigen im Westen, Jimmy Carter und Ronald Reagan in den USA, Helmut Schmidt und Helmut Kohl in Deutschland, François Mitterand in Frankreich und Margaret Thatcher in England, gegenüber der Sowjetunion diese Rechnung aufgemacht: Moskau kann den Westen etwa 25-mal atomar zerstören, wir aber die Sowjetunion nur 20-mal. Also müssen wir »nachrüsten«. Da die Sowjetunion so genannte SS-20-Raketen mit atomaren Sprengkörpern gegen den Westen aufgestellt hatte, glaubte der Westen, atomar bestückte Pershing-Raketen dagegensetzen zu müssen. Der Wahnsinn schien kaum noch zu stoppen.

In dieser Zeit saß ich am Berg der Seligpreisungen am See Genezareth in Galiläa und fragte mich, was Jesus in dieser Situation wohl unter »Feindesliebe« verstünde (»Erbarmt euch derer, die euch anfeinden«). Ich »hörte« den Bergprediger sagen: Einer muss anfangen aufzuhören. Darauf schrieb ich meine kleine Streitschrift »Frieden ist möglich. Die Politik der Bergpredigt«. Mit einer Million Auflage und in zwölf Sprachen gedruckt wurde sie zur Kampfschrift der Friedensbewegung – auch in der DDR und in Osteuropa.

Ein paar Jahre danach, zur Zeit von Gorbatschows Glasnost und Perestroika, sagt mir einer seiner militärischen Berater bei einer Tagung der Politischen Akademie am Starnberger See: »Wir haben im Kreml Ihr Bergpredigt-Buch gelesen. Wir werden im Geiste Jesu mit dem Wettrüsten aufhören, egal, was der Westen tut. Wir nehmen Euch Euer Feindbild.« Das war konkrete und praktische Feindesliebe. Sie hat die Welt verändert. Die Zeitenwende begann nicht bei den »christlichen« Politikern in Bonn, Paris, London oder Washington, sondern hinter den dicken Mauern eines kommunistischen Regimes im Kreml.

Michail Gorbatschow ist der Held der atomaren Abrüstung in Europa. Nur durch seine mutige Politik wurde auch die deutsche Einheit möglich.

Kann man mit der Bergpredigt regieren? Alle deutschen Kanzler von Bismarck bis Kohl haben diese Frage entschieden verneint. In der Flüchtlingspolitik versucht es Angela Merkel immerhin nach dem Motto: »Selig sind die, die Flüchtlingen helfen.« Im Nahostkonflikt sollten es alle Beteiligten lernen.

Auch zwischen Israel und den Palästinensern ist Frieden möglich. Wer Frieden will, so der Bergprediger, muss nicht nur mit seinen Freunden, sondern auch mit seinen Feinden verhandeln. Selbstverständlich ist auch eine politische Lösung des Syrienkonflikts möglich. Wenn sich der schiitische Iran und das sunnitische Saudi-Arabien zu Beginn der Syrien-Verhandlungen im November 2015 an einen Tisch gesetzt haben, warum dann nicht auch den »Islamischen Staat« an den Tisch bitten? Schließlich sind *alle* Beteiligten an einem Waffenstillstand interessiert – so wie früher die Terroristen der IRA in Nordirland oder die der ETA in Spanien oder die PLO unter Yassir Arafat oder Nelson Mandelas ANC in Südafrika ebenfalls an einem Waffenstillstand interessiert waren und sich schließlich auf Verhandlungen eingelassen haben.

Immer hieß es: Terroristen sind so übel, dass man mit ihnen nicht verhandeln kann. Aber immer kam es zu Verhandlungen. Leider immer erst nachdem Tausende oder Zehntausende unschuldig und unnötig zu Tode gekommen waren.

Terror ist nicht das Ziel von Terroristen, sondern Mittel zum Zweck. Meist wollen Terroristen einen eigenen Staat gründen. Auch ihnen geht es um Macht. Deshalb lassen sich in Verhandlungen immer Zugeständnisse und Kompromisse finden. Teile von Syrien und Irak könnten einen eigenen sunnitischen Staat bilden. Verhandlungen mit dem IS wären wahrscheinlich erfolgversprechender als Waffenlieferungen an Saudi-Arabien.

Es gibt nämlich bei Terrorismus-Problemen nie eine militärische Lösung, obwohl dies immer wieder versucht wird. Die Jahre nach 2001 zeigen, dass wir neue, phantasievollere und mutigere Lösungen brauchen, als sie etwa George W. Bush anstrebte. Irgendwann müssen wir wirklich aus der Geschichte lernen. Jeder getötete Terrorist löst Rachegefühle aus und gebiert neue Terroristen, indem er seine Freunde und Bekannten in die Arme von Terroristen treibt. Auch »Krieg gegen den Terror« ist Krieg. Er ist keine hilfreiche Antwort gegen den Terror, sondern er ist selbst Terror.

Bertolt Brecht wusste, dass nichts unveränderlich ist. In seinem »Lied von der Moldau« fand er dafür die richtigen Worte:

»Das Große bleibt groß nicht und klein nicht das Kleine. / Die Nacht hat zwölf Stunden, dann kommt schon der Tag.« Alles fließt. Es gibt keine Dunkelheit, die 24 Stunden lang währt. Nach den Schatten kommen die Lichtstrahlen. In vielen Teilen der Welt nehmen die Zweifel am Sinn und Erfolg militärischer Konfliktlösungen zu. Der Geist der Bergpredigt erobert gerade heute viele Köpfe und Herzen. Manche Kontrahenten, die nicht mehr siegen wollen oder können, lassen sich auf Verhandlungen ein. Zivile Konfliktbewältigung wird attraktiver und hilfreicher. Auch bei Militärs schleichen sich Zweifel über ihr Tun ein. »Ein großer Prozess des Umdenkens führt von der Kriegslogik zur Friedenslogik«, schrieb der Friedensforscher Andreas Buro kurz vor seinem Tod an Weihnachten 2015. Frieden wird möglich, wenn immer mehr Menschen es sich zu ihrer Lebensaufgabe machen, Krieg zu überwinden und Frieden zu fördern. Frieden braucht mehr Friedensbewegte.

Die Bergpredigt ist und bleibt *die* Rede aller Friedensreden. Sie hat bis heute Millionen Menschen inspiriert. Am Nordrand des See Genezareth hielt Jesus vor 2 000 Jahren diese kraftvollste Rede der Menschheitsgeschichte – es ist die Summe vieler Reden – mit der Intention: »Gebt nie auf – arbeitet immer wieder neu an Versöhnung, Liebe, Gerechtigkeit und Frieden.« Das ist die Essenz aller Friedensethik.

Die Menschen, die die Bergpredigt verinnerlicht haben, haben die Freiheit des Andern im Auge, sie empfehlen Verzicht auf Rache, und sie empfehlen dem Angegriffenen, im Gegner immer auch den Partner zu sehen und ihn als Partner zu gewinnen. Das alles wird freilich nur möglich, wenn wir der universellen Kraft und Energie der Gewaltlosigkeit vertrauen lernen. Unsere Verhaltensregel: Arbeite zuerst an deinem inneren Frieden, dann schaffst du die Basis für äußeren Frieden.

Nie zuvor hatte jemand dazu aufgerufen, die andere Wange hinzuhalten, wenn jemand einem zuvor auf die Backe geschlagen hat. Die Bergpredigt endet mit dem Hinweis, dass jeder, der Jesu Vorschläge versteht, sein Haus, also sein Leben, »auf einen Felsen baut«, der »Stürme und Fluten« trotzt. Das ist nichts anderes als die Basis für ein glückliches Leben. Wir selbst entscheiden darüber. Wer sonst?, fragt der Bergprediger.

8. Was will Jesus?

»Ich kam auf die Erde,
um eine Fackel anzuzünden.
Und wie wünschte ich,
sie lodere schon!«

(Lk 12,49 RÜ)

Die lodernde Fackel ist hier identisch mit Heil. Jesus war ein großer Heiler. Das passt zu seiner Sendung. Er wollte also die Fackel des Heils anzünden und er wünschte, dass diese Fackel so rasch wie möglich lodere. Seine Botschaft: Gott ist die Kraft, das Feuer, das unsere Liebe trägt. Seine Frohbotschaft ist so, wie es die französische Mystikerin Madeleine Delbrêl beschrieben hat: »Das Licht des Evangeliums ist keine Erleuchtung, die uns äußerlich bleibt, sondern ein Feuer, das in uns eindringen möchte, um unser Inneres umzuschaffen.« Jesus hat schließlich keine Professoren zu seinen Nachfolgern eingesetzt, sondern Laien wie die Fischer am See Genezareth. Seine Zusage gilt: »Ich bin das Licht der Welt.« Das bedeutet für uns: Wir werden nicht im Dunkeln tappen. Es wird langfristig nicht dunkel bleiben. Diese Heilsbotschaft gilt für alle Menschen, ob Ungläubige, Zweifelnde oder andere gute Christen.

Im Thomas-Evangelium, in dem viele Jesusworte stehen, die nicht in die offiziellen Evangelien aufgenommen wurden, sagt Jesus: »Wer mir nah ist, ist dem Feuer nah!« (Spr 82) Und nach seiner Kreuzigung heißt es von seinen Freunden in der Apostelgeschichte: »Sie sahen Feuer, wie zerrissen in einzelne Flammen, das fuhr über sie her! Und der Geist erfüllte sie alle.« (Apg 2,3) Jesu Botschaft breitete und breitet sich aus wie Feuer. Jesus hatte seine Freunde aufgefordert: »Seid das Licht der Welt!« Nur wer selbst für eine Idee brennt, kann andere entzünden. Das sagte er damals zu zwölf Menschen. Heute gibt es über zwei Milliarden Christen, die sich auf ihn berufen.

Paulus schreibt im Epheser-Brief: »Ihr seid Finsternis gewesen, nun aber seid ihr ein Licht aus dem einen großen Licht, dem Christus. Lebt nun, wie Menschen leben, die aus dem Feuer sind.« (Eph 5,8 RÜ)

In vielen Traum-Bildern heutiger Menschen tauchen Feuer und Fackel auf. Ein helles Feuer brennt im Traum, wenn jemand von einer neuen Idee entzündet ist. Wo Feuer ist, da geschieht etwas, da ist Leben. Umgekehrt gibt es trostlose Träume, in denen nur Nacht und Finsternis herrscht. Feuerträume hingegen sind immer große Träume. Mit dem Feuer der Leidenschaft ist nicht zu spaßen. Die Fackel der Leidenschaft ist immer Ideen-Ergriffenheit, inneres Erleben, seelische Energie. Das größte und leuchtendste Energiesymbol im Traum ist die Sonne. Ich gehe davon aus, dass diese Fackel, die der Mann aus Nazareth entzündet hat, auch im dritten Jahrtausend nichts von seiner Faszination verlieren wird.

Jörg Zink meint: »Der Geist, das ist das Feuer aus Gott.« 50 Tage nach Ostern, am Pfingstfest, als die Apostel noch verängstigt in einem kleinen Saal in Jerusalem hinter verschlossenen Türen sich von der Schockstarre erholen, die Jesu Kreuzigung für sie ausgelöst hatte, da brach ein Sturm los, sie sahen Flammen über sich und – so die Apostelgeschichte – der Geist Gottes erfüllte sie und sie stammelten Worte, die dieser Geist ihnen eingab. (Apg 1,2) Jetzt begann Jesu Lebensgeschichte zu wirken: symbolisch wie sich ausbreitendes Feuer. Die Angst war bei seinen Jüngern wie weggeblasen. Jesu Geist redet weiter durch sie, und er wird sich auch in Zukunft weiterverbreiten. Gewöhnliche Menschen – Fischer, Handwerker, Bauern und Hausfrauen – werden seine Zeugen. Bis heute. Aus jedem Feuer schlagen Funken. Vor allem aus den Worten in Jesu Muttersprache. Jesu Auftrag an uns heißt: Gebt die Fackel weiter! Seid Feuer, nicht Asche.

9. Die Sonne des Vaters scheint für alle

»Er, Abba, lässt seine Sonne aufgehen über Gute und Böse. Er, Abba, lässt seinen Regen fallen über Gerechte und über Ungerechte.«

(Mt 5,45 RÜ)

Die Sonne ist das Sinnbild für die Güte Gottes und für die Macht himmlischer Kräfte. Sie schickt uns, so wissen es die heutigen Astrophysiker, 15 000-mal mehr Energie auf unsere Erde, als zurzeit alle siebeneinhalb Milliarden Menschen verbrauchen.

Die Sonne ist ebenso kostenlos wie Gottes Liebe: Die Lebewesen haben mehr als genug Energie zur Verfügung, die Menschen haben die Möglichkeit, diese Energie schöpfungsgerecht und ökologisch zu nutzen. Die Sonne schickt uns keine Rechnung. Ihr Zusammenspiel mit unserer Erde ist kein Zufall, sondern ein grandioses Wunder. Ohne Sonne kein Leben. Die Sonne hat nicht zufällig einen »Sicherheitsabstand« von 150 Millionen Kilometern zur Erde. Und das ist gut so. Die Lösung unseres heutigen Energieproblems steht also tagtäglich am Himmel.

Der solare Reichtum unseres Planeten ist die Voraussetzung dafür, dass in Zukunft kein Kind mehr verhungern muss. Wir haben dank der Entwicklung der solaren Technologien jetzt erstmalig die Chance, den »Hunger ins Museum der Geschichte zu stellen«, sagt der Friedensnobelpreisträger und Banker der Armen, Muhamad Yunus aus Bangladesch. Dort verkauft er zurzeit pro Tag 8 000 Photovoltaik-Anlagen an die Armen über Mini-Kredite.

Während ich dieses Buch schreibe, reise ich einige Tage mit dem Generalsekretär der Regierungspartei Awami-Liga in Bangladesch, Abu Sayeed Al Mahmood Swapon, durch Deutschland. Wir besuchen einige gelungene Projekte der Energiewende. Der Politiker aus Bangladesch will in seinem Land die 100-prozentige solare Energiewende bis 2050 erreichen. Er orientiert sich dabei an der deutschen Energiewende. Eine Woche zuvor hat die Regierung von Bangladesch mit Russland einen Vor-Vertrag über den Bau eines AKW geschlossen. Auch das 164-Millionen-Volk von Bangladesch steht vor der Frage: Gefährliche und teure Atomkraft oder umweltfreundliche und preiswerte Solarenergie?

Die Sonnenenergie reicht für alle! Sogar in Fülle, wenn wir eine intelligentere Energiepolitik lernen. Die zum Beispiel in Deutschland, Österreich, Schweden und Dänemark, aber auch in China, Indien, Kalifornien und Japan eingeleitete Energiewende zeigt, dass der hundertprozentige Umstieg auf erneuerbare Energie in etwa drei Jahrzehnten klappen kann.

Dafür brauchen wir freilich eine völlig andere Vorstellung von Wachstum. In einer materiell endlichen Welt kann es entgegen dem bisherigen Wachstumsglauben der neoliberalen Ökonomen kein unendliches Wachstum geben. Wer unendliches Wachstum in einer endlichen Welt predigt, ist entweder ein Idiot oder ein naiver »Wachstumsökonom«.

Die Welt ist an den Grenzen des materiellen Wachstums angekommen. Die restlichen Ressourcen gehen zur Neige, die Ökosysteme verlieren an Leistungsfähigkeit. Und bald wird auch die Weltbevölkerung abnehmen. So findet das bisherige Wachstum, an das wir alle wie an eine Religion geglaubt haben, sein natürliches Ende. Doch die meisten Politiker und Ökonomen klammern sich noch immer an das alte Wachstumsdogma des 20. Jahrhunderts, anstatt sich auf ein intelligentes Schrumpfen einzustellen.

Knapp sind dabei nicht die erneuerbaren Energien, knapp ist allerdings die Zeit, die wir für den hundertprozentigen Umstieg auf erneuerbare Energien noch haben. Schon Charles Darwin wusste: »Es ist nicht die stärkste Spezies, die überlebt, auch nicht die intelligenteste, sondern die am besten auf Veränderung reagiert.«

Unsere Erde, so Jesus in seinem wunderbaren ökologischen Bild von Sonne und Regen, verdankt ihren Reichtum diesen himmlischen Kräften: Sonne und Regen.

Die Welt ist voller Energie: spirituell und physisch. Wir können uns auf die »Energie von ganz, ganz oben« fest verlassen. Die Sonne, so wissen die Astrophysiker, scheint noch etwa vier Milliarden Jahre – so lange scheint sie bisher schon. Wir haben ungefähr Halbzeit der Evolution auf diesem Planeten.

Mit dem Reichtum der Sonne, diesem göttlichen Symbol, können wir erstmals einen Reichtum der Weltgesellschaft schaffen. Afrika und die Sonne – welch eine Vision einer geschwisterlichen Welt ohne Hunger, ganz im Geiste Jesu. Mit seinem Bild von der Sonne mitten in der Bergpredigt zeigt Jesus das ethische Fundament für ein neues Solarzeitalter. Es gibt keine RWE-Sonne oder E.on-Sonne, sondern unser *aller* Sonne: die Voraussetzung für alles Leben, die unendliche Energiequelle. Das heißt ganz konkret und praktisch: In den nächsten Jahrzehnten können in Deutschland aus 20 Millionen Gebäuden 20 Millionen kleine Solarkraftwerke werden. Es wird keinen Weltfrieden geben ohne Frieden mit der Natur. Doch heute führen wir durch das Verbrennen von Kohle, Gas und Öl einen Dritten Weltkrieg gegen die Natur und damit gegen uns selbst. An *einem* Tag verbrennen wir weltweit, was die Natur in einer Million von Tagen angesammelt hat. Diese äußere Energiekrise ist das Abbild unserer inneren Energiekrise.

Heute wissen wir, dass der grüne Wandel da ist und keine Utopie mehr. Fossile und atomare Energieträger sind weltweit auf dem Rückzug, erneuerbare Energien auf dem Vormarsch. 92 Prozent der Deutschen sind für die Energiewende. 2015 wurde auf dem G7-Gipfel auf Schloss Elmau beschlossen, dass die Welt noch in diesem Jahrhundert den kompletten Ausstieg aus dem fossil-atomaren Zeitalter schaffen muss. Die Klimaforscher sagten uns auf dem Pariser Klimagipfel, dass wir dieses Ziel früher erreichen müssen, spätestens 2050.

Für den 100-prozentigen Umstieg auf erneuerbare Energie müssen vier ordnungspolitische Grundsätze umgesetzt werden:

- der bleibende Vorrang für erneuerbare Energie auf dem Strommarkt,
- der Vorrang für erneuerbare Energie in der Raumordnungspolitik und in der öffentlichen Bauleitplanung,
- eine grundlegende Umwandlung der Energiesteuer zu einer Schadstoffsteuer und
- eine stringente Gestaltung der Energie-Infrastruktur als Gemeinschaftsgut.

Die ordnungspolitische Leitlinie muss heißen: ökosozial statt marktradikal. Sie wird die alten Energie-Oligopole als planwirtschaftliche Monster entlarven. 2 000 Jahre nach Jesu Verweis auf die »Sonne des Vaters« hat das Solarzeitalter begonnen. Zum Durchbruch in den nächsten Jahren wird ein ökonomischer Grund verhelfen, weil Sonne und Wind einen doppelten Gewinn bedeuten: Es entstehen keine Kosten für das Brennmaterial, weil nichts mehr verbrannt wird, und außerdem entfallen die Kosten für die Folgen des Klimawandels.

Der Gott Jesu ist ein Gott für alle, das heißt aber auch: ein Gott für alle Generationen. Doch in der heutigen Politik haben die Ungeborenen keine Anwälte – weder, wenn es um Klimaschutz oder um die Energiewende geht, noch in der Rentenpolitik. Im Geiste Jesu aber ist eine Politik nur für die heute Lebenden ethisch nicht vertretbar.

10. Jesus und die Tiere

> *»Werden nicht verkauft zwei Sperlinge für ein As?*
> *Und doch wird von ihnen kein einziger vergessen von Abba.«*
>
> (Lk 12,6 / Mt 10,29 RÜ)

Jesus zeigt Mitleid mit einem scheinbar so unbedeutenden Tier wie einem Sperling. Und er sagt damit zugleich, dass Gott auch die Tiere liebt, die er geschaffen hat. Die Güte Gottes ist für Jesus unermesslich, wenn dieser sich auch der Tiere erbarmt. In seinem Geburtsort Nazareth gehörten Ziegen und Schafe, Esel und Kamele zum alltäglichen Bild.

»Zu Tieren hat doch Jesus gar nichts gesagt. Wie kommen Sie dazu, über die Tierliebe Jesu zu schreiben?«, fragte mich eine Theologin nach meinem Buch »Der ökologische Jesus. Vertrauen in die Schöpfung«. Ich konnte nur zurückfragen: »Welche Bibel lesen Sie eigentlich?« Nicht nur der oben zitierte Sperling, sondern es kommen schon im auf Griechisch überlieferten Neuen Testament mindestens 18 weitere Tierarten vor. Da ist die Rede von der ganzen Fülle der Schöpfung: von Ochs und Ottern, von Eseln und Engeln, von Geiern und Geistern, von Gott und Gras, von Mücken und Mehl, von Nahrung und Nattern, von Regen, Reben und Reifen, vom Wachsen und Wandern, von den Vögeln und vom Verwüsten, vom Wein und von den Weiden, von Wundern und von den Wölfen, vom Wurm, von der Wurzel und von der Wüste. Jesus sprach vom Fischfang und vom Brotbacken, aber nie von Dogmen. Stattdessen sprach er von Sonne und Wind, vom Wasser und von der Seele.

Nach Jesus fordert Gott, dass wir Tiere als unsere Mitgeschöpfe anerkennen. Wenn wir im Sinne eines liebenden Gottes an weniger Gewalt wirklich interessiert sind, dann brauchen wir im Zeitalter der Massentierhaltung auch eine neue Tierethik.

11. Tiersentimentalität ist keine Tierliebe

»Wer von euch,
dem ein Schaf in die Grube fiel,
wird es nicht herausziehen
am Sabbattag?!
Um wie viel mehr wert aber ist ein Mensch
als ein Schaf?
Darum muss es erlaubt sein,
am Sabbat zu heilen.«

(Mt 12,11.12 RÜ)

Jesus als Pragmatiker mit gesundem Menschenverstand – weit entfernt von jedem Fundamentalismus.

Doch unsere Gleichgültigkeit gegenüber dem Leid der Tiere in der industrialisierten Massentierhaltung schreit zum Himmel. Wir reden gern von artgerechter Tierhaltung. Aber was ist artgerecht? Die deutsch-türkische Tierethikerin und Journalistin Hilal Sezgin gibt diese Antwort: Artgerecht ist nur die Freiheit. Und sie fragt: »Warum ist Gewalt gegen Tiere erlaubt, wenn sie gegen Menschen verboten ist?« Eine Frage, die unsere Gesellschaft allzu gern verdrängt.

Über die Würde von Tieren wissen Kinder meist mehr als Erwachsene. Vielleicht auch deshalb hat Jesus gemeint: »Wenn ihr nicht umkehrt und wie die Kinder werdet, könnt ihr nicht in das Himmelreich kommen.« (Mt 18,3 Einheitsübersetzung) Als unsere jüngste Tochter Caren vier oder fünf Jahre alt war, betete ich mit ihr am Abend vor dem Einschlafen. Ihre letzten Sätze hießen immer: »Lieber Gott, lass auch die Tiere und die Bäume gut schlafen.«

12. Eltern sind die Stellvertreter Gottes

»Wenn sogar ihr wisst,
euren Kindern gute Gaben zu geben –
um wie viel mehr weiß Abba,
seinen Kindern gute Gaben geben zu lassen!«

(Mt 7,11 / Lk 11,13 RÜ)

Ein neugeborenes Kind macht sich keine Sorgen um seine Zukunft. Es hat ein grenzenloses Vertrauen zu seinen Eltern. Es verlässt sich auf ihre Fürsorge, es vertraut darauf, dass es von den Eltern bekommt, was es braucht. Aber woher haben Eltern selbst diese »guten Gaben«?

Jesus gebraucht dieses Bild, um deutlich zu machen, was er unter Vertrauen versteht, das wir in Gott haben sollen. Vertraut auf Gott, wie ein Baby auf die Mutterbrust blind und mit Naturinstinkt vertraut. Eine Mutter, die ihr Kind stillt, ist das Symbol des Urvertrauens ins Leben in allen Kulturen. Das Baby an der Mutterbrust bekommt alles, was es braucht: Nahrung, Sicherheit, Körperkontakt, Liebe. Die Geborgenheit an der Mutterbrust ist wohl die erste Meditationserfahrung, die wir machen. Hier schmeckt Gott nach grenzenloser Güte und gütiger Gelassenheit. Beim täglichen Tischgebet mit meinen Eltern habe ich von diesem Urvertrauen noch etwas erfahren: »O Gott, von dem wir alles haben, wir preisen dich für deine Gaben, du speisest uns, weil du uns liebst, und segne auch, was du uns gibst. Amen.«

Für Jesus sind Eltern die Stellvertreter Gottes auf Erden. Ihre Güte zu ihren Kindern ist ein Abbild der Liebe Gottes zu uns Menschen.

13. Lebt sorglos!

»Seid nicht besorgt um euer Selbst,
was ihr essen werdet!
Und seid nicht besorgt um euren Körper,
was ihr anziehen werdet!
Ist nicht das Selbst mehr
als die Nahrung?!
Und ist nicht der Körper mehr
als die Kleidung?!
Warum seid ihr so besorgt wegen der Nahrung! –
Beobachtet die Raben,
die nicht säen
und nicht einsammeln!
Er, Abba, lässt sie ernähren!
Seid ihr nicht wertvoller als sie?!
Und warum seid ihr besorgt wegen der Kleidung? –
Betrachtet die Anemonen,
die nicht hecheln
und nicht spinnen
und nicht weben!
Ich sage euch:

Nicht einmal Salomo
war in Gewänder gekleidet
wie eine von ihnen.
Wenn aber das Weidegras
– das heute lebt
Und morgen verdorrt wird
und in den Ofen geworfen wird –
Abba so bekleiden lässt,
um wie viel mehr wird er euch bekleiden lassen,
ihr Vertrauensschwachen!
Darum seid nicht besorgt, indem ihr denkt:
Was werden wir essen?
Was werden wir anziehen?
Denn er, Abba, weiß,
was ihr nötig habt.«

(Mt 6,25.26.28-32 / Lk 12,22-24.26-30 kombiniert, RÜ)

Wann, wenn nicht in unserer Zeit der Überbesorgtheit, der Versicherungen und Absicherungen wäre ein solcher in Versen gefasster Hinweis auf die Sorglosigkeit angebracht und hilfreich!?

Wenn also Abba schon für die Raben und für die Anemonen sorgen lässt, um wie viel mehr dann für diejenigen, die im Namen Jesu die Gottesherrschaft ausrufen, erklärt der Meister aus Nazareth seinen engsten Mitarbeitern. Es ist wohl sein schönstes, humorvollstes und aktuellstes Lehrgedicht – rückübersetzt aus seiner Muttersprache.

Diese »Sorglosigkeit« war auch realistisch in der galiläischen Gastfreundschaft begründet und darin, dass Jesu Jünger im Auftrag eines zu jener Zeit geachteten spirituellen Meisters und erfolgreichen Heilers unterwegs waren und sich deshalb keine materiellen Sorgen machen mussten. Und dann dieser Kontrast: Die studierten Theologen und Glaubenshüter legten den Leuten immer mehr Lasten, Gebote und Verbote auf die Schultern. Sie haben alles, was Gott wirklich von uns erwartet, umgebogen und *umgelogen*. Aber dann kommt da ein nichtstudierter Wanderprediger und Barfußdoktor daher und lehrt sie: Seid unbesorgt und habt keine Angst. Don't worry, be happy! Das muss richtig Spaß gemacht haben. Die Leute waren außer sich vor Begeisterung. Jesus lehrte sie: Was wirklich zählt, ist kostenlos. Ihr könnt weder Freunde noch Freude kaufen. Gott oder Mammon? Beiden könnt ihr nicht dienen. Entweder oder! Einzig euer Verhältnis zu Gott ist wichtig, euer Vertrauen in die »guten Gaben« des himmlischen Vaters – alles andere wird euch nachgeschmissen. Dafür sorgt euer Abba!

Heute würde Jesus hinzufügen: Ihr müsst freilich lernen, mit der Natur zu wirtschaften und nicht gegen die Natur. Zum Beispiel, indem ihr eine zu 100 Prozent erneuerbare Energiepolitik lernt. Und ihr müsst endlich lernen, biologisch Landwirtschaft zu betreiben. Das ist der Schlüssel zur Sorglosigkeit von morgen. Das Einzige, was ihr braucht, und das Einzige, was zählt, hat euer Vater euch in die Wiege gelegt: Liebe und Vertrauen, Achtsamkeit und Hoffnung. Dies sind die Kräfte, die uns helfen, richtig zu leben. Dann wirkt sich die »Sorglosigkeit«, die Jesus hier vorschlägt, heilend und heilsam aus – für jeden Einzelnen und für den ganzen Planeten.

Die Kräfte und der Reichtum der Natur sorgen dafür, dass ihr nicht »machen« und nicht »müssen« müsst. Kommt vielmehr zu euch selber und erkennt, was euch guttut. Seid eins mit euch selbst! Ihr Frauen erkennt, dass ihr so schön seid wie die Anemonen auf dem Feld – mindestens! Eure Schönheit ist die Liebe. Durchschaut das übliche und üble Missverständnis, wonach ihr erst etwas seid, wenn ihr etwas habt. Wenn Gott dem kleinsten Spatz gibt, was er braucht, warum dann nicht Ihnen und mir?

14. Die Gottesherrschaft ist bereits da!

»Die Gottesherrschaft kommt nicht!
Denn seht! Die Gottesherrschaft ist bereits da.
Sie breitet sich aus über der Erde,
aber die Menschen bemerken sie nicht.«

(Lk 17,20.21 RÜ)

Wir Journalisten sind eine seltsame Spezies. Nehmen wir das Jahr 2016. Wir berichten über Kriege und Kriegstote in Syrien und im Irak, in der Ost-Ukraine und im Jemen. Wenn es nach den Nachrichten im Fernsehen und in den Zeitungen geht, versinkt die Welt in kriegerischen Auseinandersetzungen mehr als je zuvor seit 1945. Doch das Gegenteil ist richtig. Wir leben in relativ friedlichen Zeiten.

Jesus träumte vor 2 000 Jahren von einer friedlicheren Welt und von weniger Gewalt. Das meinte er mit seinem Wort von der »Gottesherrschaft«, die sich »über die Erde« ausbreite, »aber die Menschen bemerken sie nicht«. Richtig eingeordnet sieht die Gewaltentwicklung seit 1950 global etwa so aus: Zwischen 1950 und 1953 starben in der Zeit des Koreakrieges weltweit etwa 20 von je 100 000 Menschen in einem Jahr durch Gewalt in Kriegen; in der Zeit des Vietnamkriegs zwischen 1955 und 1975 starben durch Krieg und Gewalt noch acht Menschen von je 100 000 jährlich. In den Zeiten des Kriegs zwischen Iran und Irak von 1980 und 1988 sowie in der Zeit 1978 bis 2001 beim Afghanistan-Krieg waren es noch drei von 100 000 Menschen. Und während des Syrienkriegs seit 2010 gibt es noch einen Kriegstoten unter je 100 000 Menschen in jedem Jahr. Wir haben heute um das Zwanzigfache weniger Kriegstote als noch vor 65 Jahren – weit weniger also als in der letzten Jahrhunderthälfte. Doch unsere Berichterstattung suggeriert das Gegenteil.

Der oft gehörte Satz »So schlimm wie heute war es noch nie« ist zwar subjektiv verständlich, aber objektiv falsch. Niemand hat diese positive Entwicklung besser, akribischer und überzeugender beschrieben und erforscht als der US-amerikanische Evolutionsbiologe und Gewaltforscher Steven Pinker in seinem voluminösen Buch »Gewalt. Eine neue Geschichte der Menschheit«. Der Frieden ist demnach eine moderne Erfindung.

Es ist ein Mythos und ein Versagen des Journalismus, die Geschichte als eine Abfolge zunehmender Gewalt zu beschreiben, so wie es die meisten Schulbücher und Journalisten heute noch tun. Mord und Totschlag, Gewalt und Vergewaltigung, das Töten von Neugeborenen, die heute unvorstellbare Züchtigung von Kindern sowie das grausame Quälen von Tieren waren vor 2 000 oder 3 000 Jahren noch selbstverständlicher Alltag, bestens beschrieben in der hebräischen Bibel: Massenmord und Völkermord, Frauenmord und Mädchenmord, Königsmord und politischer Mord, Gattenmord und Gattinnen-Mord, Selbstmord und Brudermord waren an der Tagesordnung. Allein seit dem Mittelalter jedoch ging in Europa – so Pinkers Forschungen – die Mordrate um das Dreißigfache zurück. Die Menschheit ist auf dem Weg zu weniger Gewalt. Exakt davon träumte der Nazarener. Trotz vieler Rückschläge: Einen Frieden, wie ihn Westeuropa seit 70 Jahren erlebt, hat es Jahrtausende nicht gegeben. Menschen sind lernfähig. Sie sind keine Raubtiere. Ideale sind keine Wahnvorstellungen. In der stummen Natur gilt zwar oft das Gesetz des Fressens und Gefressenwerdens, endlosen Zerfleischens, Zerquetschens und Erstechens. Aber wir finden auch in der stummen Natur Spuren von Zuwendung, Hilfe, Mitgefühl und Verbundenheit – vor allem bei Säugetieren.

Und wie ist dieser Fortschritt zu mehr Menschlichkeit zu erklären? Gewaltenteilung führt zu Gewaltminderung. Mehr Handel zwischen den Staaten bedeutet weniger Gewalt. In der Wissenschaft der Ökonomie wird allmählich das »Gesetz des sanften Handels« entdeckt, praktiziert und gelehrt. Der Einfluss der Frauen wächst weltweit. Von der Feminisierung der Gesellschaften geht eine Frieden stiftende Wirkung aus. Männliche Monokulturen an der Spitze von Konzernen sind unzeitgemäß, schlicht lächerlich und gar nicht gut fürs Image. Mehr Freundlichkeit und Ehrerbietung gegenüber Frauen und Kindern waren ganz große Ziele von Jesus, des ersten prominenten neuen Mannes der Weltgeschichte. Unternehmen mit Frauen an der Spitze sind erfolgreicher. Hinzu kommt, dass durch die Erfindung und Verbreitung des Buchdrucks und der neuen elektronischen Kommunikationsmittel sich das Interesse an anderen Menschen, Sprachen und Kulturen rasch verbreitet hat. Mehr Mitgefühl für Sklaven, Kinder und Tiere war die Folge.

Vor 200 Jahren, sagt der Zukunftsforscher Max Roser, lebten 90 Prozent der Menschheit unter der Armutsgrenze, heute sind es noch zehn Prozent. 1970 konnten nur 56 Prozent der Menschen lesen und schreiben, heute liegt die Alphabetisierungsrate weltweit bei 85 Prozent: Lauter gute Nachrichten, unglaubliche Erfolgsgeschichten, aber sie schaffen es kaum, publiziert zu werden. Der Jesus-Forscher Albert Schweitzer wusste: »Wirklicher Fortschritt ist eng verbunden mit dem Glauben einer Menschheit, die ihn für möglich hält.« Dies alles hat sehr viel zu tun mit dem Urvertrauen in Gott, das uns Jesus empfohlen hat und das bei vielen Christen verloren gegangen ist.

Es ist mit uns Journalisten wohl so, wie es eine alte tibetische Weisheit sagt: »Ein Baum, der gefällt wird, macht viel Lärm. Einen wachsenden Wald aber hört man kaum.« Wir sollten auch lernen, den wachsenden Wald zu beobachten und darüber zu berichten.

Der Rückgang der Gewalt ist wohl die bedeutendste, aber zugleich am wenigsten beachtete Entwicklung der Menschheitsgeschichte. Vielleicht ist die Geschichte der Menschheit doch zielgerichtet auf Freiheit, Frieden und Gerechtigkeit. Jesus mit seiner »Feindesliebe« (»Erbarmt euch derer, die euch anfeinden«), Buddha mit seiner Lehre von der Harmonie aller Lebewesen, Mahatma Gandhi mit seiner Wahrheitsphilosophie, Albert Schweitzer mit seiner »Ehrfurcht vor allem Leben« und Martin Luther King sowie Nelson Mandela mit ihrem Traum von der Gleichheit aller Rassen haben viel bewirkt. Eine bessere Welt und eine bessere Zukunft sind möglich. Das lehren viele herausragende Menschen, und das lehrt die Geschichte. Es gibt Gründe für einen realistischen, rationalen Optimismus.

15. Von der alten Zeit in die neue Zeit

»Die Zeit ist abgelaufen!
Die Gottesherrschaft ist da!
Bereut – Und vertraut auf Gott!«

(Mk 1,15 / Mt 4,17 RÜ)

Die Zeit vor der Zeitenwende war die Zeit des Wartens auf eine diesseitig-materielle Gottesherrschaft. Für Jesus war dies eine irrige Erwartung. Für die Juden hätte dies eine Befreiung vom römischen Joch bedeutet, die ihre politischen und gesellschaftlichen Nöte hätte beenden sollen.

Doch Jesus meint mit seiner Gottesherrschaft die Befreiung von der Fremdbestimmung aller Menschen. »Bereut« heißt so viel wie »kehrt um« oder »fangt neu an«. »Die Gottesherrschaft ist da!« will sagen: Besinnt euch! Ihr seid Kinder Gottes! Kinder der Freiheit! Gott ist euch ganz nah! Er ist euer wahrer Vater! Gott ist euer Schatz! Das ist die neue Zeit. So beginnt die wirkliche Erlösung. Dieses neue Gottesbild soll sich in den Herzen der Menschen so spiegeln wie die Wolken des Himmels im Wasser des Jordan bei der Taufe Jesu. Sein neues Gottesbild soll *unser* neues Gottesbild werden.

Vertraut auf Gott! Das Schlüsselwort Jesu an seine Freunde. Damals und heute. Es ist im Neuen Testament so oft von ihm überliefert, dass der Eindruck entsteht, er sei beinahe verzweifelt, weil seine Jünger nicht verstanden, was er mit »Vertrauen« meint.

Am Vorabend meines 60. Geburtstags sitze ich am Nordufer des Sees Genezareth. Die ersten Sterne funkeln. Der See wird unruhig. Wind kommt von den Golanhöhen herüber. Ich höre auf die von Liebe erfüllten Worte Jesu über das Vertrauen in Gott, über das Vertrauen in seine Worte und in das Vertrauen in uns selbst: »Dein Schutzengel bin ich. Dein Freund. Hab Vertrauen zu mir«, höre ich innerlich Jesus sagen.

Vertrauen ist das Zauberwort seiner Lehre. Hier an seinem See in üppiger Natur spüre ich Jesu Liebe zu Tieren, zu Gräsern, zu Blumen, zu uns Menschen, sein Vertrauen in ewiges Leben und seine Gewissheit, dass das Gute, also Gott, letztlich siegen wird.

C. G. Jung wurde 1957 bei einem Interview der BBC gefragt: »Glauben Sie an Gott?« Seine jesuanische Antwort: »I don't need to believe. I know.« (»Ich muss nicht glauben. Ich weiß.«)

Die Menschen gingen vor 2 000 Jahren noch zu Johannes, um sich am Jordan taufen zu lassen, weil sie Angst hatten vor Gott. Es dominierten Schuldgefühle und Angstreflexe. Doch Jesus »sah« bei seiner Taufe »den Himmel offen« und »hörte die Stimme seines Vaters«: »Du bist mein Geliebter!«

Das war die Geburtsstunde einer neuen Zeit. Das Zeitalter des Vertrauens kann beginnen. Gott – so erzählt uns Jesus in vielen Geschichten und Gleichnissen – will nichts anderes als das Wohl und das Glück aller Menschen durch Reifung aus Erfahrung und Erkenntnis. Die Menschenfreundlichkeit des Menschen wird begründet mit der Menschenfreundlichkeit Gottes.

16. Das Gute besiegt das Böse

»Seit der Zeit des Johannes
Wird der Gottesherrschaft Gewalt angetan!
Aber die Gewalttätigen werden überwältigt von ihr.«

(Mt 11,12 / Lk 16,16 RÜ)

Seit Jesus heilt, lehrt und Dämonen austreibt, ist die Gottesherrschaft da. Davon ist er selbst überzeugt, wie im vorigen Kapitel aufgezeigt. Doch Satans Leute sind immer noch mächtig: Sie köpfen Johannes und kreuzigen Jesus. Aber Jesus ist felsenfest davon überzeugt, dass das Gute, das Göttliche, letztlich siegen wird. Rückschläge inbegriffen. Das ist so, auch wenn die meisten christlichen Theologen Jesus bis heute unterstellen, er habe sich mit der baldigen Ankunft der Gottesherrschaft leider geirrt. Geduld ist eine jesuanische Tugend. Die Gewaltfreiheit wird irgendwann stärker sein als alle Gewalt: »Die Gewalttätigen werden überwältigt.« Davon ist Jesus überzeugt. In den vorherigen Kapiteln wurde deutlich, dass die Entwicklung der gesamten Menschheitsgeschichte Jesu Optimismus bestätigt. Sein Optimismus erweist sich historisch als Realismus. Es lohnt, an dieser Entwicklung mitzuarbeiten. Dies ist der Sinn und Auftrag unseres Hierseins.

17. Gibt es den Teufel?

»Wenn ich Dämonen austreibe
durch einen Finger Gottes,
dann ist sie zu euch gelangt –
die Gottesherrschaft.«

(Lk 11,20 / Mt 12,28 RÜ)

Das Teuflische oder die Dämonen oder das Böse oder der Satan waren für Jesus und seine Zeit selbstverständliche geistige Wesen. In der Zwischenzeit wenden Teufel und Dämonen im Wesentlichen zwei Tricks an, um ihre Existenz für uns moderne Menschen zu verschleiern. Trick Nummer eins geht so: Es gibt uns gar nicht, und Trick Nummer zwei: Falls es uns doch gibt, dann natürlich nur bei anderen, nicht bei dir selber.

Jesu großes Thema ist die Gottesherrschaft, der Gegenentwurf zum Teuflischen. Er spricht das Wort von der Dämonen-Austreibung zu zwei Schriftgelehrten, die von Jerusalem gekommen waren, um ihn auf die Probe zu stellen. Sie hatten ihm unterstellt, mit dem Teufel im Bunde zu stehen. Sein Volk, die politischen und religiösen Führer, ja sogar ein Teil seiner Freunde, träumten von einer politisch-materiellen Herrschaft, Jesus aber von einer geistigen Gottesherrschaft.

Es war ihm wiederholt gelungen, allein durch sein Wort aus dämonisierten Menschen Dämonen auszutreiben – für ihn ein Fingerzeig Gottes und der Beginn der geistigen Gottesherrschaft in dieser Welt. Dämonen waren existierende Geistwesen, die im Auftrag des Satans und als sein Werkzeug sowohl in willensschwache wie in machthungrige Menschen eindringen und über sie Macht ausüben konnten.

18. Die geistige Grundlage unseres Lebens

»Jeder, der meine Worte hört
und sie befolgt –
mit dem wird es sein, wie mit einem vernünftigen Mann,
der sein Haus auf Felsen baute:
Die Winde wehten, und der Regen fiel,
und die Fluten kamen und stießen an das Haus.

Und es stürzte nicht ein, weil es gegründet war – auf Fels.
Jeder, der meine Worte hört
und sie nicht befolgt –
mit ihm wird es sein, wie mit einem törichten Mann,
der sein Haus auf Sand baute:
Die Winde wehten und der Regen fiel,
und die Fluten kamen und stießen an das Haus.
Und es stürzte ein, weil es gegründet war – auf Sand.«

(Mt 7,24-27 RÜ)

Wenn Sie diesen Text in Ihrer klassischen Hausbibel aus dem Griechischen nachlesen und vergleichen mit der oben abgedruckten Neuübersetzung aus dem Aramäischen, finden Sie inhaltlich keinen großen Unterschied. Aber die hier aufgezeigte aramäische Poesie in der Sprache Jesu ist doch sehr beeindruckend und eingängig. Es wird deutlich, was uns in den bisherigen Übersetzungen gefehlt hat.

Was Jesus in diesem Gleichnis von Fels, Haus, Regen, Sand und Wind erzählt, ist eine Geschichte voller Symbolik. Günther Schwarz dazu: »Das *Haus* steht für das selbst zu verantwortende Leben, Sein und Geschick des Menschen, die er so, wie sie sind, selbst baut; je nachdem, welche Freiheit er dazu hat. Der *Fels* ist ein Symbol für Dauerhaftigkeit, Festigkeit, Standhaftigkeit und Zuverlässigkeit. Er diente Jeschu als Bild für einen sicheren Lebensgrund in den Unsicherheiten dieser Welt. Im Gegensatz zu ihrer je eigenen Symbolik deuten *Winde*, *Regen* und *Fluten* hier auf widerstrebende Kräfte hin; und zwar auf geistige Kräfte (Winde) und auf materielle Kräfte (Regen und Fluten). Der *Sand* ist ein Sinnbild für Haltlosigkeit, Nachgiebigkeit, Flatterhaftigkeit und Unzuverlässigkeit. Er diente Jeschu als Bild für einen unsicheren Lebensgrund in den Unsicherheiten dieser Welt. Diese Symboldeutungen (und andere, die noch folgen werden) sind Symbolwörterbüchern entnommen, also keineswegs willkürlich ausgedacht.«

Wer die vielfältige Geografie Galiläas gesehen hat, den wundert es nicht, dass wir bei Matthäus eine »Bergpredigt« finden, bei Markus eine »Seepredigt« und bei Lukas eine »Feldpredigt«. Hier um den See Genezareth zwischen Bethsaida und Magdala, zwischen Kafarnaum und Tabgha, wo Jesus seine größten Heilerfolge hatte, erlebe ich im Frühjahr eine Art »Fünftes Evangelium«. So hat der Benediktinerpater und Galiläa-Kenner Bargil Pixner die Heimat Jesu treffend beschrieben. Jesu Seelenlandschaft kann man am See Genezareth erahnen. Die Natur im Farbenrausch wie bei Joseph von Eichendorff, »als hätt der Himmel die Erde still geküsst«.

Kafarnaum war »seine« Stadt, Genezareth »sein« See. Hier kann man noch der Geografie seiner Heilsgeschichte nachspüren. Hier kamen Tausende zu ihm: Fischer, Bauern, Tagelöhner, Hausfrauen, Bettler, Kranke, Sklaven, Handwerker und Händler. Ihnen, nicht den Privilegierten und Prämierten, zeigt er seinen Gott, der Mitleid mit den Leidenden hat, Erbarmen mit den Armen und der sich bemüht um die Mühseligen. Hier fand er sich meist in schlechter Gesellschaft.

Wie Jesu Worte und Geschichten auf seine Zuhörer am See Genezareth und am Berg der Seligpreisungen wirkten, steht am Schluss der »Bergpredigt«.

19. Alle waren entsetzt

»Da waren alle entsetzt.
Einige fragten: Was für eine Sache ist dies?
Eine neue Lehre?
Andere sagten: Er hat Vollmacht!
Er befiehlt den Dämonen!
Und sie gehorchen ihm!«

(Mt 7,28.29 RÜ)

Eine neue Lehre! Er hat Vollmacht! Er spricht im Namen Gottes wie nie jemand zuvor! Er befiehlt Dämonen in Gottes Namen! Deshalb können wir Jesus vertrauen.

Diese zwei Verse am Schluss der Bergpredigt im Matthäus-Evangelium machen deutlicher als jede andere Stelle im Neuen Testament, was Jesus bewirkte und bewirkt: Er bringt alles ins Wanken. Er erschüttert. Er betört und verstört. Seine Zuhörer sind außer sich. Ob Geld oder Macht, ob Religion oder Politik, ob Strafrecht oder Militär, ob Ehevorschriften oder Berufsethos: Das gesamte bisherige Zusammenleben der Menschheit wird infrage gestellt. Diese zwei Verse belegen, dass Jesu Bergpredigt, die Kapitel fünf bis sieben des Matthäus-Evangeliums, den bedeutendsten und grundlegendsten Text der gesamten Menschheitsliteratur beinhalten. Dieser Jesus haut die Leute einfach um! Seine Bergpredigt will Vertrauen stiften, wo bisher Angst herrschte, sie will zu Leben ermuntern, wo bisher Tod war, und sie will Wahrheit ermöglichen, wo bisher die Lüge dominierte.

Und der einzige Grund, den Jesus für diese ungeheuren Zumutungen bietet und anbietet: Ihr könnt Gott, meinem und eurem Vater, vertrauen. Kein Gesetz, keine Vorschrift, keine Gebote, keine Glaubenshüter und Sittenwächter: einzig Liebe, Güte und Vertrauen. Vergesst eure bisherigen Projektionen auf Gott, auf euch selbst und auf die Menschen! Eine Hammer-Botschaft! Die Zeit der Entfremdung und Fremdbestimmung ist vorbei. Ihr könnt frei sein, wenn ihr nur wollt. Die Fesseln der Angst könnt ihr abstreifen: »Deine Herrschaft lass sich ausbreiten« hat er uns in seinem »Vaterunser« zu beten gelehrt. Wenn wir dies verstünden, wäre es das Ende jeder Diktatur: privat, politisch, beruflich und gesellschaftlich. Eugen Drewermann: »Und der ganz Spuk einer Welt der gnadenlosen Angst und der verängstigten Gnadenlosigkeit fiele dahin und würde der Anfang eines nie mehr vergehenden Morgens.«

Im Zentrum der Bergpredigt lehrt Jesus seine Freunde beten.

20. Jesu aramäisches Vaterunser

»Abba!
Deine Gegenwart – lass geheiligt werden!
Deine Herrschaft – lass sich ausbreiten!
Dein Wille – lass geschehen!
Lass geben uns unsere Nahrung!
Lass vergeben uns unsere Sünden!
Lass retten uns aus unserer Versuchung. Amen.«

(Mt 6,9-13 / Lk 11,2-4 RÜ)

In diesem wohl bekanntesten Gebet der Menschheit lehrt uns Jesus, dass sein Vater stets Sprechstunde hat. Man braucht sich nicht zu sorgen, dass man ihn außerhalb seiner Geschäftszeiten kontaktiert. In Form, Inhalt, Kürze, Schlichtheit und Präzision ist dieses Gebet unverwechselbar jesuanisch. Gott ist ein liebender Vater, seine Gegenwart soll geheiligt werden, an der Ausbreitung seiner Herrschaft sollen wir mitwirken durch unser Tun. Wir sollen verzeihen und versöhnen. Wollen und Wille Gottes ist das Wohl der Menschen. Wir dürfen bitten um das, was wir täglich brauchen.

Keine frommen Sprüche, kein unnötiges Blabla. Eine »Perle semitischer Dichtkunst«, so Günther Schwarz. Dass Jesus Gott als Vater anspricht, macht zudem deutlich, dass er sich nie als Gott, wohl aber als »Kind Gottes« verstand. Das macht Jesus auch in weiteren Worten immer wieder deutlich. Zum Beispiel in der folgenden Aussage:

21. Jesus sieht sich nicht als Gott

»Wie Abba hat sein Leben in seinem Selbst,
so hat er mir gegeben Leben in MEINEM Selbst.«

(Joh 5,26 RÜ)

Nach dieser Selbstaussage Jesu ist er in einem Vater-Sohn-Verhältnis und damit mit Gott verwandt, aber niemals Gott selbst. Jesus war nicht größenwahnsinnig.

Hier handelt es sich wohl um ein Wort Jesu, eine Selbstoffenbarung Jesu an seinen engsten Jünger-Kreis. »Leben in seinem Selbst« heißt Unsterblichkeit. Gott hat eine Art geistigen Urknall aus sich selbst hergeleitet und auf ihn, seinen Sohn, übertragen. Ein einmalig kühner Gedankengang, der jeden nichtjesuanischen Ursprung ausschließt.

22. Gott ist Geist

»Gott ist ein Geistwesen!
Und jene, die ihn anbeten wollen –
sie müssen ihn geistig anbeten!
Ein Geistwesen inspiriert, wo es möglich ist;
es ist nur eine Stimme, die du hörst.
Aber du weißt nicht, woher es gekommen ist,
und du weißt nicht, wohin es dich führt.«

(Joh 4,24 / Joh 3,8 RÜ)

Warum sollen wir Gott geistig dienen? Weil er in keinem der von Menschenhand aus Steinen gebauten Tempel wohnt. Und was bedeutet dienen? Das bedeutet, aktiv den Willen Gottes umzusetzen und ihn nicht passiv anzubeten.

Was Jesus über Gott und Geist sagte, ist analog der Erkenntnis des Physikers und Nobelpreisträgers Max Planck: »Als Physiker, also als Mann, der sein ganzes Leben der nüchternen Wissenschaft, der Erforschung der Materie diente ... sage ich also nach den Erforschungen des Atoms Folgendes: Es gibt keine Materie an sich ... Alle Materie entsteht und besteht nur durch eine Kraft, welche die Atomteilchen in Schwingungen bringt und sie zum winzigsten Sonnensystem des Atoms zusammenhält ... Dieser Geist ist der Urgrund aller Materie. Nicht die sichtbare, aber vergängliche Materie ist das Reale, Wahre, Wirkliche (denn die Materie bestünde, wie wir gesehen haben, ohne diesen Geist überhaupt nicht), sondern der unsichtbare, unsterbliche Geist ist das Wahre. Da es aber Geist an sich nicht geben kann und jeder Geist einem Wesen zugehört, so müssen wir zwingend Geistwesen annehmen. Da aber auch Geistwesen nicht aus sich sein können, sondern geschaffen worden sein müssen, so scheue ich mich nicht, diesen geheimnisvollen Schöpfer ebenso zu nennen, wie ihn alle alten Kulturen der Erde früherer Jahrtausende genannt haben – Gott!«

Der Quantenphysiker Professor Hans-Peter Dürr, gestorben 2014, schrieb das Buch »Es gibt keine Materie«. Materie sei lediglich »geronnener, erstarrter Geist«. Es gäbe nur ein Beziehungsgefüge, ständigen Wandel, Lebendigkeit. Geist sei auch in kleinsten Spuren vorhanden, zum Beispiel im Elektron. Der Primat des Geistes ist einsichtig, wenn man bedenkt, dass die Atome des Schreibtisches, an dem ich dieses Buch schreibe, in der Relation weiter voneinander entfernt sind als die Erde von der Sonne. Dieser Schreibtisch, dieser PC, mein Körper, die gesamte Materie, alles besteht aus – Leere! Die winzigen Atomkerne und die noch kleineren Elektronen, Protonen, Neutronen und Quarks sind von hunderttausendmal größeren Zwischenräumen getrennt, die sich immer wieder neu bilden und wieder verschwinden. Wenn Physiker die Atomkerne genauer untersuchen, finden sie wiederum nur – Leere! Die Quelle aller Materie ist die Geisteskraft. Und Geisteskräfte können uns Flügel verleihen und zu überraschenden Folgen und Erfolgen führen.

Nach Albert Einstein ist Materie eine verdünnte Form von Energie. Und der Nobelpreisträger für Physiologie Georg Wald meint schließlich: »Der Geist ist nicht eine späte Folgeerscheinung der Evolution des Lebens, sondern hat schon immer existiert ... als Quelle und Voraussetzung für unsere physische Wirklichkeit. Der Geist hat ein physisches Universum geschaffen, welches seinerseits das Leben hervorgebracht hat, und auf diese Weise entwickeln sich schließlich Lebewesen, die Bewusstsein tragen und schöpferisch handeln.«

»Gott ist Geist« – Geist von unvorstellbarer Energie. Alles, was ist, ist ein Ausströmen, ein Ausschwingen Gottes, und Gott ist – wie schon verdeutlicht – Energie. Energie in verschiedener Form und Dichte.

23. Ist die Bergpredigt eine Fälschung?

Ich habe einige Semester Theologie studiert, aber niemals etwas davon gehört, dass Jesus als Poet aufgetreten ist. Davon hatte auch Günther Schwarz während seines Studiums nichts vernommen. Später – nach Jahrzehnten des Studiums der aramäischen Sprache und der aramäischen Poesie Jesu – schreibt er: »Ich behaupte: Wenn man den Text der Bergpredigt, des Neuen Testamentes insgesamt, poetisch setzen würde im Druck, das heißt in Sinnzeilen, dann würde jedermann von Ihnen ohne Schwierigkeit, natürlich auch von den Theologen, die poetische Form erkennen. Aber nicht nur das, sondern erkennen an der unterschiedlichen Länge der Zeilen, dass hier und da und dort etwas nicht stimmt. Hinzugefügt wurde, ausgelassen wurde, ganz nach Belieben. Und wenn Sie fragen, wie die das wagen konnten damals, jene, die dieses Buch so abfassten, wie es heute vorliegt, dann lautet die Antwort: Die poetische Form ist klar, ist eindeutig und so formuliert, dass man nicht ein Wort streichen kann, ohne zu zerstören. Und nicht ein Wort hinzufügen kann, ohne zu zerstören. Daraus ergibt sich: Wenn jeder von Ihnen Zusätze als Zusätze erkennen würde, Auslassungen als Auslassungen erkennen würde, dann ergäbe sich daraus ..., dass so wie die Kirche lehrt, Jesus nicht gelehrt hat.

Theologen haben hinzugefügt an den Stellen, wo sie daran interessiert waren, oder weggelassen, wenn sie daran nicht interessiert waren. Wobei natürlich die Wahrheit und die Klarheit auf der Strecke blieben. Ich schließe diese Entwicklung mit einer Frage an Ihr Gewissen: Finden Sie es richtig, dass das geistige Eigentum eines Mannes wie das des Jesus von Nazareth durch die Überlieferung verändert wird, sodass der Autor Jesus sagen müsste: Das unterschreibe ich nicht. So habe ich das nicht gesagt.«

Die Bergpredigt, wie wir sie bei Matthäus lesen, hat es so nie gegeben. Sie ist eine Ansammlung von Sprüchen und Aussagen Jesu, die er an verschiedenen Orten, zu verschiedenen Zeiten für verschiedene Menschen vorgetragen hat. Er hat sie in seinem galiläischen Westaramäisch gesprochen. Sie enthält die Summe seiner Botschaft auf knappem Raum und ist deshalb die »Magna Charta« des Christentums. Aber sie ist die Abschrift von vielen Abschriften. Und bei jeder Abschrift schleichen sich Fehler ein. Auch hierbei handelt es sich nicht um einen aramäischen Urtext, sondern um einen um das Jahr 250 aus dem Aramäischen ins Griechische übersetzten Wortlaut. Deshalb folgerte Günther Schwarz: »Die Worte der Bergpredigt offenbaren erst im aramäischen Originalton ihre ursprüngliche Bedeutung.« Und: »Zwei Drittel der bisherigen Bergpredigt-Übersetzungen sind falsch übersetzt.«

Und nun zwei Beispiele für verhängnisvolle falsche Übersetzungen in der Bergpredigt.

24. Beharrlich bitten, beharrlich suchen, beharrlich anklopfen

»Würdet ihr beharrlich bitten –
Abba würde euch geben.
Würdet ihr beharrlich suchen –
Abba würde euch finden lassen.
Würdet ihr beharrlich anklopfen –
Abba würde euch öffnen.«

(Mt 7,7 RÜ)

Wir glauben oft, dass wir nur mal kurz bitten müssten, und schon werden wie beim Weihnachtsmann unsere Wünsche erfüllt, oder es kommt wie beim Lottospiel mal so eben ein Volltreffer rein. Aber die meisten Menschen, die schon einmal vergeblich gebetet haben, wissen, wie frustrierend vergebliches Bitten und Beten sein kann.

In der aus dem Griechischen ins Deutsche übertragenen Einheitsübersetzung der obigen Bergpredigt-Passage fehlt dreimal das Adjektiv »beharrlich«. Was Jesus mit »beharrlich« meint, erfährt Petrus von ihm auf die Frage: »Meister – wenn mein Bruder gegen mich gesündigt hat, wie oft soll ich ihm vergeben? Ist es genug – bis zu siebenmal?« Jesu Antwort: »Nicht bis zu siebenmal, sondern siebenundsiebzigmal.« (Mt 18,21-22 RÜ) Siebenundsiebzigmal bedeutet: immer wieder, beharrlich und nachhaltig. Eine Begrenzung der Vergebungsbereitschaft lässt Jesus nicht zu.

25. Keine Diskriminierung von Frauen

»Ihr habt gelernt, dass Abba den Vorfahren geboten hat:
Brich die Ehe nicht!
Ich aber, ich sage euch:
Jeder, der seine Frau willkürlich verstößt –
er bricht die Ehe!«

(Mt 5,27-28 RÜ)

In der Einheitsübersetzung aus dem Griechischen wurde diese Bergpredigtstelle entgegen der Intention des Meisters sexuell aufgeladen: »Ihr habt gehört, dass gesagt worden ist: Du sollst nicht die Ehe brechen. Ich aber sage euch: Wer eine Frau auch nur lüstern ansieht, hat in seinem Herzen schon Ehebruch mit ihr begangen.« Kann es sein, dass der menschenfreundliche Jesus ein Fundamentalist und Moralist war? Jesus macht uns vielmehr auf eine Ethik aufmerksam, die Frauen vor moralisierenden und heuchlerischen Männern schützt. Er lehnt Frauendiskriminierung grundsätzlich ab.

26. Mensch, du bist wie ein fruchtbarer Acker

»Hört zu! –
Seht! – Ein Sämann ging aus,
um seine Saat zu säen.
Einiges fiel auf einen Weg.

Da kamen Vögel und fraßen es auf.
Einiges fiel auf steinigen Boden.
Da ging die Sonne auf und verbrannte es.
Einiges fiel auf Dornen.
Da sprossten die Dornen auf und erstickten es.
Einiges fiel auf guten Boden.
Da sprosste es auf, wuchs und brachte Ertrag.
Jeder, der Ohren hat –
Er höre, um zu verstehen!«

(Mt 13,3-9 / Mk 4,3-9 / Lk 8,5-8 RÜ)

Jesus war ein genauer Naturbeobachter – seine Geschichten sind voll großartiger ökologischer Bilder. Er schlägt auch uns vor, die »Wunder« der Schöpfung gut zu beobachten. Es geht ihm hier um die großen Wunder eines kleinen Samens. Kein Wissenschaftler kann mit seiner Intelligenz einen Samen wachsen lassen. Samen wachsen »von selbst«, sagt Jesus im Markus-Evangelium: »Denn von selbst bringt die Erde Frucht.« Von Chemie, Pestiziden und Fungiziden hat er nichts gesagt.

Etwa 70 Prozent der 1,25 Millionen Menschen in Palästina waren damals in der Landwirtschaft beschäftigt. Sie lebten von Ackerbau, Viehzucht, Weinbau, Ölproduktion und dem Fischfang am See Genezareth. Palästina war ein Land des Weizens, der Gerste, des Weines und des Öls. Die Menschen vertrauten dem natürlichen und schöpfungsgemäßen Wachstum.

In dieser landwirtschaftlich und vom Fischfang strukturierten Umgebung erzählt Jesus seine Gleichnisse zum besseren Verständnis seiner Lehre vom Reich Gottes – zum Beispiel die obige Geschichte vom unermüdlichen Sämann und vom Weg, vom Fels, von den Dornen und vom fruchtbaren Acker. So vielfältig ist das wirkliche Leben. Damit ihn seine vielen Zuhörer besser verstehen können, steigt er am See Genezareth in ein Boot und spricht von dort aus, während das »Volk« an Land bleibt und ihm zuhört. Er wird sie zunächst daran erinnert haben, dass die römischen Besatzer dieses jüdische Bauernvolk verachten, genauso wie die selbstgefälligen Frommen in Judäa und Galiläa. Ihr seid, so könnte er gesagt haben, in deren Augen der letzte Dreck.

Aber ich sage euch etwas ganz anderes: Ihr seid wie ein fruchtbarer Acker, auf dem Lebensmittel, Mittel zum Leben, wachsen. An diesen fruchtbaren Äckern könnt ihr sehen, wie wertvoll ihr wirklich seid. Denn ohne Lebensmittel auf diesen Äckern kein Leben! Jesus erinnerte seine Zuhörer daran, dass alles Leben auf diesem Planeten abhängt von einer 25 bis 30 Zentimeter dünnen fruchtbaren Erdschicht. Ohne fruchtbare Böden keine Zivilisation: kein Wein und kein Weizen, kein Brot und keine Butter, kein Mehl und kein Mahl, kein Rasen und keine Rose, keine Flora und keine Fauna und kein sauberes Wasser.

Als er wieder mit seinen Freunden allein ist, fragen sie ihn, was der Sinn dieser Geschichte sei. Da erklärt er ihnen: Der Samen ist das Wort Gottes. Auf den *Weg* fällt der Samen bei denen, die Gottes Wort hören, es sich aber vom Teufel wieder ausreden lassen. Auf den *Felsen* fällt das Wort Gottes, wenn es die Menschen freudig aufnehmen, aber es bei ihnen keine Wurzeln schlägt. Da fehlt die Erdentiefe. Sie setzen falsche Prioritäten. Unter die *Dornen* fällt der Samen des Gottesreichs bei denen, die das Wort zwar hören, sich aber dann doch von Geldsorgen ablenken lassen. Auch sie sind unreif für das Reich Gottes. Sie denken zu kurzfristig. Auf fruchtbaren Boden fällt der Samen allein bei denen, die das Wort Gottes hören und es von ganzem Herzen und ausdauernd befolgen. Dort kann es bis zu hundertfache Frucht bringen.

Gott hat uns geschaffen, weil er einen bestimmten Plan mit uns hat. Wir sind nicht ohne Absicht, ohne Plan und ohne Würde hier. Und Jesus hat einen langen Atem. Zudem hat der Mann die Voraussetzungen des palästinensischen Ackerbaus genau beobachtet. Er ist ein Realist, wissend um unsere Abgründe, Bodenlosigkeit und Felsenhaftigkeit, aber auch um unsere Fruchtbarkeit. Gott, dem »Sämann der Ewigkeit« (Eugen Drewermann), dürfen wir vertrauen. Aber nicht mit einer Sprache der Drohung, die nur weitere Angst macht, sondern mit einer Geschichte voller Zuversicht, stärker als die »Disteln« und »Dornen« des Lebens, sind die Herzen der Menschen zu erreichen. Der Same wächst, weil das Reich Gottes an der Stelle entstehen will, an der du stehst. Ihr könnt wachsen aus der Saat, die einer über euch geschaffen hat. Säen aber müssen wir schon selbst.

27. Streitgespräche statt Harmonie

»Ich bin nicht gekommen,
um Kompromisse zu machen!
Sondern ich bin gekommen,
um Streitgespräche zu führen.«

(Lk 12,51 / Mt 10,34 RÜ)

An diesem Wort wird besonders deutlich, was falsche Übersetzungen anstellen können. In der Einheitsübersetzung, die von der katholischen und evangelischen Kirche gemeinsam verantwortet wird, ist dieses Jesuswort aus dem Griechischen bei Matthäus so übersetzt: »Denkt nicht, ich sei gekommen, um Frieden auf die Erde zu bringen. Ich bin nicht gekommen, um Frieden zu bringen, sondern das Schwert.«

Eine schlimmere Falschdeutung Jesu ist kaum denkbar. Der Pazifist der Bergpredigt soll zum Schwerterkampf aufgerufen haben – also zum Krieg?

War Jesus gar ein Vorläufer des »Islamischen Staats«, des IS, dessen Anhänger sich ebenfalls auf »Schwert«-Worte im Koran berufen und die diese Worte so furchtbar wörtlich nehmen, dass sie Andersdenkenden mit dem Schwert den Kopf abschlagen?

Warum wird dieses schreckliche Schwert-Wort bis heute Jesus in den Mund gelegt? Oder war er gar kein Pazifist?

Mit solchen »Übersetzungen« wurden Kreuzzüge und Kriege, Mord und Totschlag im Namen Gottes und im Namen Jesu gerechtfertigt. Nur mit dem real existierenden Jesus hat dies alles nichts, aber auch gar nichts zu tun.

Dieses Schwert-Wort steht im selben Evangelium, in dem Jesus in seiner Bergpredigt die Friedensstifter seligpreist und zur Feindesliebe ermuntert. Warum ignoriert die Kirche 2 000 Jahre lang diesen totalen Widerspruch? Warum hat niemand versucht, diesen Widerspruch zumindest zu erklären? Bis heute nicht. Wie will eine Kirche glaubwürdig sein, die ihren Anhängern solch einen Unsinn nahebringen will? Wen wundert es, dass sich immer mehr Menschen schaudernd, kopfschüttelnd oder gleichgültig abwenden? Das ist abstoßend und nicht anziehend.

Hinzu kommt, dass heute solche fatalen Übersetzungsfehler den Religionsstreit zwischen Muslimen und Christen anheizen. Islamkritiker verweisen beim Kampf um die wahre Religion auf prekäre Koranstellen wie »Heiliger Krieg«, und Muslime revanchieren sich mit Verweis auf Jesu angebliche Schwert-Worte.

So wird Jesus durch solche »Übersetzungen« weiter verunglimpft, anstatt dass sich die Kirchen und die theologischen Fakultäten endlich auf den »aramäischen« Jesus besinnen.

Jesus wollte provozieren, und er hat provoziert. Er war kein harmloser Harmonisierer. Wer auf Harmonie aus ist, kommt immer durch. Aber Jesus landete am Kreuz. Alles oder nichts! Das war seine Devise. Entweder – oder! Das ist Jesus. Seine Schüler, zu denen er so sprach, waren schockiert.

Eines Tages hatte er seinen Aposteln angekündigt, wieder nach Judäa zu gehen. Ihre ängstliche, aber verständliche Reaktion: »Rabbi, eben noch wollten dich die Juden steinigen und du gehst wieder dorthin?« (Joh 11,8) Doch Jesus wollte keinem Streitgespräch ausweichen. Wenn doch die Kirchen in ihrer Angepasstheit an die weltliche Obrigkeit etwas von dieser

Streitlust Jesu gelernt hätten! Sie wären wesentlich glaubwürdiger. Aber die kirchlichen Obrigkeiten sind spätestens seit dem vierten nachchristlichen Jahrhundert eher das Schmieröl der herrschenden Verhältnisse gewesen als das, was Jesus seinen Nachfolgern empfohlen hat: Führt Streitgespräche, aber passt euch nicht an!

Aber wie muss nun das angebliche »Schwert«-Wort richtig übersetzt werden? Es findet sich nämlich nicht nur einmal, sondern gleich dreimal im offiziellen Neuen Testament. Mit verheerenden Auswirkungen für die Übersetzungstradition.

28. Sollen Christen Schwerter kaufen?

»Von nun an:
Wer einen Geldbeutel hat –
Er soll ihn mitnehmen!
Und wer einen Reisesack hat –
Er soll ihn mitnehmen!
Und wer nichts Essbares hat –
Er soll seinen Mantel verkaufen
und soll Essbares kaufen!
Sie antworteten: Meister! Sieh hier: zwei Messer.«

(Lk 22,35-38 RÜ)

Dieser aus dem Aramäischen rückübersetzte Text liest sich im offiziellen Neuen Testament ganz anders, so nämlich soll Jesus zu seinen Freunden gesprochen haben: »Jetzt aber soll der, der einen Geldbeutel hat, ihn mitnehmen und ebenso die Tasche. Wer aber kein Geld hat, soll seinen Mantel verkaufen und sich dafür ein Schwert kaufen.« Was jetzt: Das »Schwert« Jesu oder die »zwei Messer« der Apostel?

Im Neuen Testament finden wir die zuverlässigsten Informationen über Jesus von Nazareth, sagen die christlichen Theologen und behaupten die Kirchen. Doch genau das bezweifelt Günther Schwarz und erkennt nach gründlichem, jahrzehntelangem Studium der Muttersprache Jesu: »Zuverlässig ist an den Evangelien so gut wie gar nichts.« Der Jesus-Freund schreibt »ohne Rücksicht auf Meinungen, die in fast 2 000 Jahren herausgebildet wurden«. Schwarz geht es nicht um Dogmen, sondern um die Wahrheit, nach der er forschte wie kaum ein anderer.

Günther Schwarz kann aufgrund seiner Überlegungen aufklären: Im Aramäischen gibt es für »Schwert« und »Messer« nur ein und dasselbe Wort: sepha. Dieses Wort ist – wie so viele aramäische Wörter – mehrdeutig. Arme Wanderprediger wie Jesu Jünger brauchten natürlich unterwegs Messer, sonst wären sie verhungert. Daran erinnerte sie Jesus. Jünger und Messer passen zusammen, Jünger und Schwerter passen niemals zusammen.

Diese Erklärung ist einleuchtend. Das wurde mir 1983 klar, und ich hielt diese Erkenntnis schon damals in meinem Buch »Frieden ist möglich. Die Politik der Bergpredigt« fest. Doch mehrere Theologieprofessoren widersprachen in Gegenbüchern mit dem Hinweis auf den oben zitierten Schwert-Appell Jesu. »Jesus war doch gar kein Pazifist«, hieß es, er forderte schließlich seine Jünger auf, sich mit Schwertern zu verteidigen – all das hörte ich allen Ernstes von Professoren der Theologie! Von Schwertkäufen und anderen Waffenkäufen kann bei Jesus natürlich keine Rede sein, auch wenn dieser himmelschreiende Unsinn noch heute weltweit in über vier Milliarden Bibeln steht.

Wie kommen wir als Christen eigentlich dazu, Muslimen eine »Schwert-Religion« und eine »Religion der Gewalt« vorzuwerfen, solange in unseren »Heiligen Schriften« derselbe unheilige, verantwortungslose Quatsch steht?

29. Nicht reden, machen!

»Amen! Amen! – Ich soll euch sagen:
Nicht jeder, der Abba! gesagt hat,
darf eingelassen werden in die Himmelsherrschaft!
Nur der, der den Willen Abbas getan hat,
darf eingelassen werden in die Himmelsherrschaft!«

(Mt 7,21 RÜ)

Mit »Amen! Amen! – Ich soll euch sagen« will Jesus gegenüber seinen Schülern die Wichtigkeit seiner Worte besonders unterstreichen und dabei auf die Inspiration durch seinen Abba aufmerksam machen: Nehmt die alles entscheidende Einlassbedingung in die Himmelsherrschaft nicht auf die leichte Schulter!

Als Realist und Menschenkenner weiß Jesus, dass das Zusammenleben von Millionen Menschen auf dieser Erde nicht immer einfach ist. Damals lebten etwa 250 Millionen Menschen auf unserem Planeten. Die römische Besatzungsmacht beherrschte und unterdrückte die Juden in Palästina brutal. Menschenrechte galten nichts, Frauen und Kinder waren keine vollwertigen Menschen, Tierrechte gab es keine. Römische Bürger galten als Herrenmenschen. Aber Moses und die Propheten hatten die Juden schon zu mehr Menschlichkeit aufgerufen, und die Zehn Gebote galten bereits. In dieser Situation schlägt Jesus einen neuen Humanismus und eine andere Religion vor: Nicht Gebote und Verbote, sondern Güte und Vergebungsbereitschaft sollten gelten. Die Ethik des »Zahn um Zahn« oder »Auge um Auge« sollte der »Feindesliebe« weichen – das war ein neuer ethischer Maßstab. Das erforderte bewusstes Wollen und ständige Selbstkontrolle. Bewusstes Bemühen: Das ist die Einlassbedingung für die Himmelsherrschaft. Bewusstes Sein, also bewusstes Tun, ist entscheidend – und nicht das blinde Vertrauen in die Rechtmäßigkeit von kirchlichen Sakramenten.

Ganz wichtig und besonders anstößig war – und *ist* – diese Haltung Jesu: Es macht wenig Sinn, wenn wir Menschen uns Probleme schaffen – wie zum Beispiel den Klimawandel – und anschließend mit Gebeten den lieben Gott bestürmen und ihn bitten, diese Probleme für uns zu lösen. *Gott hat nur unsere Hände.* Und wir haben die völlige Freiheit, uns auch danebenzubenehmen. Wir werden beurteilt nach unseren Taten, nicht nach unseren frommen Sprüchen.

30. Die Reifeprüfung

»Amen! Amen! – Ich soll dir sagen:
Wenn jemand nicht geprüft wurde,
darf er nicht eingelassen werden in die Himmelsherrschaft!«

(Tertullian, Über die Taufe 20,2 RÜ)

Nochmal ein bestimmtes »Amen! Amen!«-Wort. Diesmal an Simon Petrus. Der Kontext macht deutlich, dass Jesus dieses Wort beim Gang vom Abendmahlsaal nach Gethsemane an Petrus richtete. Es ergänzt das vorangestellte »Amen!«-Wort um den zentralen Hinweis auf die »Reifeprüfung« für die Himmelsherrschaft.

Nach Matthäus 16,19 wird allein Jesus über den Einlass ins Himmelreich entscheiden, nicht ein Beichtvater oder ein Papst. Bei seiner Verklärung auf dem Berg Tabor spricht eine Stimme vom Himmel, also Gott, zu Jesus im Beisein seiner Vertrauten Petrus, Johannes und Jakobus: »Ihm werde ich die Schlüssel der Himmelsherrschaft geben. Wem *er* zuschließen wird, dem soll zugeschlossen sein. Und wem er aufschließen wird, dem soll aufgeschlossen sein.« Gemeint ist Jesus, nicht Petrus, wie es in der offiziellen Einheitsübersetzung heißt. Es ist ein Gotteswort an Jesus, das aber später umgedeutet wird zu einem Wort Jesu an Petrus. Auf dieser Fälschung, die Günther Schwarz detailliert aufdeckt, beruht die ganze Macht des Papsttums – ein starkes Stück (siehe Kapitel 90 und 91).

Bald danach hat Petrus seinen Meister dreimal verleugnet. Noch kurz zuvor hatte Petrus hoch und heilig versichert: »Und wenn alle dich verlassen – ich nicht! Und wenn ich mit dir sterben müsste – ich nicht.« (Mt 26,33 RÜ) Petrus hat die »Reifeprüfung« nicht bestanden. Auch er musste erkennen, dass starke Worte wenig hilfreich sind, sondern allein ein Handeln, das den Worten entspricht.

Dass das heutige Papsttum auf einer raffinierten Fälschung beruht, hat Günther Schwarz wie sonst niemand überzeugend und unwidersprochen aufgezeigt. Nach Matthäus 16,19 sagt die Himmelsstimme ganz klar zu Jesus und nicht zu Petrus: »Ihm werde ich die Schlüssel der Himmelsherrschaft geben. Wem er zuschließen wird, dem soll zugeschlossen sein. Und wem er aufschließen wird, dem soll aufgeschlossen sein.« (RÜ) Erst in der Rückübersetzung ins Aramäische lässt sich diese verhängnisvolle und raffinierte Fälschung als solche erkennen.

31. Die Reifeprüfung ist nicht leicht

»Meine Schüler! – O wie schwierig ist es,
eingelassen zu werden in die Himmelsherrschaft!
Amen! Amen! – Ich soll euch sagen:
Ein Kamel hat es leichter, durch das Öhr einer Nadel
hindurchzugehen,

als es ein Großer haben wird, in die Himmelsherrschaft eingelassen zu werden.«

(Mk 10,24-25 / Mt 19,24 / Lk 18,25 RÜ)

Damit hat Jesus nicht gemeint, dass ein »Reicher« – wie es in der Einheitsübersetzung heißt – nur wegen seines Reichtums nicht in die geistige Welt eingelassen werden kann. In der aramäischen Rückübersetzung steht, dass es »ein Großer« besonders schwer haben werde. Ein »Großer« steht für hochnäsig, eitel, aufgeblasen, übermütig, und wohl auch oft für reich. Aber Jesus hat sich auch von »Reichen« einladen lassen, wissend, dass es »Reiche« gibt, die gerne schenken und die froh sind, mit anderen zu teilen. Armut hat Jesus nicht gepredigt, eher Bescheidenheit. Auch Reiche können bescheiden sein und bescheiden leben. Armut predigen hieße, die Menschen kleinzumachen. Nichts lag Jesus ferner. Er sprach vielmehr von der »Fülle des Lebens«, und dazu gehört selbstverständlich auch materieller Wohlstand.

In unsere Urheimat, also in die »Himmelsherrschaft«, dürfen wir erst zurückkehren, wenn wir bescheiden, demütig und dafür reif geworden sind. Vor einer Reifeprüfung müssen wir manchmal noch eine Klasse wiederholen, eine Inkarnation durchleben.

Für die Einlassbedingungen in die Himmelsherrschaft benutzt Jesus ein humorvolles aramäisches Wortspiel: Ein sich »groß« Fühlender ist ein gamlan, also ein Kamel. Auch Schriftgelehrte lassen sich mit Rabbi (mein Großer) anreden. Jesus wollte also dies andeuten: Eher wird ein Kamel durch ein Nadelöhr gehen, als dass ein Schriftgelehrter, ein Theologe also, oder ein Glaubenshüter oder einfach eine »Obrigkeit« in den Himmel kommen kann. Mit solchen Bildern und Vergleichen schafft er sich bei den damaligen oder heutigen »Obrigkeiten« natürlich keine Freunde.

In Lukas 13,24 (RÜ) wird der Nazarener noch deutlicher:

32. Es geht um alles

»Strengt euch an, eingelassen zu werden
durch das schmale Tor!
Amen! Amen! – ich soll euch sagen:
Viele werden wünschen, eingelassen zu werden,
aber es ist unmöglich.«

(Lukas 13,24 RÜ)

Der dies sagt, weiß, wovon er redet, denn Jesus selbst ist es, der über die Einlassbedingungen (siehe Mt 16,19 RÜ) entscheidet, kein Papst und kein »Beichtvater«. Im Beisein seiner Vertrauten Petrus, Johannes und Jakobus spricht eine Himmelsstimme, also Gott, so über Jesus: »Ihm werde ich die Schlüssel der Himmelsherrschaft geben. Wem *er* zuschließen wird, dem soll zugeschlossen sein. Und wem *er* aufschließen wird, dem soll aufgeschlossen sein.« Leider wird dieses Wort Gottes an Jesus später so umgedeutet, als hätte Jesus es zu Petrus gesprochen. Auf dieser Fälschung beruht wie gesagt die ganze Macht des Papsttums – wie Günther Schwarz es detailliert aufdeckt.

33. Jesus und der mutmaßliche Mörder

»Amen! Amen! – Ich soll dir sagen:
Eines Tages – wirst du sein –
Mit mir – im Paradies.«

(Lk 23,43 RÜ)

Mit Jesus werden zwei des Mordes Verdächtige gekreuzigt. Einer hat eine zunächst seltsam anmutende Bitte an Jesus: »Mein Herr! Wenn du zu deiner Königswürde kommst – erinnere dich an mich!«

Die Evangelisten beschrieben die Szene so: Außerhalb Jerusalems sind auf dem Hügel Golgota drei Kreuze errichtet. An jedem hängt ein Mann. In der Mitte Jesus, angenagelt und mit einer Dornenkrone auf dem Kopf. Die beiden anderen Gekreuzigten sind jüdische Widerstandskämpfer gegen Rom. Sie wurden bei einem Aufruhr in der Stadt festgenommen. Dabei soll es zu einem Mord gekommen sein. Der Gekreuzigte zu Jesu Linken stellt an Jesus die oben zitierte seltsame Bitte. Wie kam er dazu? Und was erwiderte Jesus?

Der mutmaßliche Mörder sah in Jesus den Menschen und seinen göttlichen Auftrag. Und Jesus sagte gemäß diesem Auftrag stockend zu ihm: »Eines Tages – wirst du sein – mit mir – im Paradies.«

Immerhin war dieser Gekreuzigte wahrscheinlich an einem Mord beteiligt. Trotzdem hat er im Geiste Jesu die »Reifeprüfung« bestanden und die Einlassbedingungen in die Gottesherrschaft erfüllt. Welch ein Trost für alle »Sünder«, die sich bemühen!

Übrigens: Das allseits bekannte und ins offizielle Neue Testament aufgenommene Jesuswort an seinen Kreuz-Nachbarn »*Heute noch* wirst du mit mir im Paradies sein« basiert auf einer falschen Übersetzung aus dem Aramäischen ins Griechische, sagt Günther Schwarz. Ganz so schnell kommt niemand in den Himmel. Auch die »Reifeprüfung« braucht wohl ihre Zeit.

34. Jesus und die Engel

»Amen! Amen! – Ich soll euch sagen:
Von nun an werdet ihr erleben –
Offene Himmel –
Und Engel Gottes,
die hinauf- und herabsteigen
über mir.«

(Joh 1,51 RÜ)

Und noch ein »Amen! Amen!«-Wort Jesu. Diesmal an seine Schüler. Er hat es wahrscheinlich am Beginn seiner Sendung – nicht lange nach seiner Taufe – gesprochen. Und was sagt uns dieses geheimnisvolle Wort vom »offenen Himmel« und von den »Engeln«?

Soeben hatte Johannes seinen Schülern diesen neugetauften Jesus als den »wahren Diener Gottes« vorgestellt und ihnen nahegelegt, sich ihm anzuschließen. Diese neue Nachfolge war für sie ein ungeheurer Aufbruch. Eine neue Berufung. Petrus und Andreas, Philippus und Nathanael ließen alles hinter sich, um einem neuen »Meister« zu folgen. Nathanael hatte noch gezögert, nachdem ihm Philippus eröffnet hatte, dass Jesus aus Nazareth käme: »Aus Nazareth – kann da was Gutes kommen?«

Doch Jesus überzeugte auch ihn mit seinem »Engel«-Wort und dem Verweis auf den »offenen Himmel«. Doch für uns heute sind nicht die Berufungen vor 2 000 Jahren entscheidend, sondern *unsere* reale Situation hier und jetzt. Was sagt uns heute der »offene Himmel« und »Engel, die hinauf- und hinabsteigen«? Offener Himmel: Ich zeige euch den Weg in die geistige Welt, den Weg zum Vater. Der Unterschied zwischen Himmel und Erde wird aufgehoben. »Engel« sind unsere Begleiter und unsere Mittler zu Gott. Nach Jesus spricht Gott bis heute über seine Geistboten zu uns. Jeder Mensch hat als Kind Gottes etwas Göttliches in sich. Es gibt einen ständigen Austausch zwischen Gott und Mensch. Jesus hat die Trennmauer zwischen »oben« und »unten« eingerissen und die Sperrriegel beseitigt. Er gibt – damals wie heute – keine frommen Verhaltensregeln, sondern sagt ganz einfach: »Kommt und seht.« Das heißt: Macht eure eigenen Erfahrungen. Sucht eure eigenen Wege. Folgt eurer eigenen inneren Stimme. Kommt zu eigenen Einsichten. Träumt eure eigenen Visionen. Vertraut auf eure Schutzengel, die »hinauf- und herabsteigen«! Jesus hat noch in seinen Abschiedsworten seinen Freunden zugesagt, dass er ihnen seine Geistboten schicken werde (siehe Kapitel 37).

Engel, so klärt uns Jesus auf, sind die Boten einer anderen, tieferen, geistigen Wirklichkeit. Sie sind Kräfte, die ein Leben tragen können. Der Mensch lebt nicht vom Brot allein. Wir können uns von Engeln inspirieren lassen, so wie es Jesus auch tat. Wenn vor 2 000 Jahren eine Verbindung zwischen Menschen und Engeln möglich war – bei Jesus, bei den Hirten am Geburtsort Jesu, bei Jesu Vater Josef in Träumen –, warum soll es dann heute unmöglich sein? Unmöglich, nur weil wir im Zeitalter des Rationalismus leben, in dem Engel scheinbar keinen Platz mehr haben?

Engel haben zur Zeit Jesu und zu aller Zeit Kräfte vermittelt, die uns selbst übersteigen. Schon immer werden im Traum Botschaften vermittelt, Erkenntnisse fallen vom Himmel oder Engel erscheinen über Visionen. Wir wissen, dass sich in unseren Träumen höllische wie himmlische Dramen abspielen können. Jede und jeder kann als Traum-Regisseur sein eigener Dante oder Shakespeare sein. Spätestens seit Freud, Jung und Adler wissen wir heute, dass Träume sehr konkrete Sinn-Antworten auf Lebensprobleme geben können. So habe ich es während und nach einer Jung'schen Psychotherapie erfahren und hunderte Träume aufgeschrieben. Es gibt Träume, die einem helfen, besser einzuschlafen. Mir haben aber auch Träume mitten in einer Lebenskrise geholfen aufzuwachen. Dafür werde ich meiner Traum-Kraft oder meinem Traum-Engel ewig dankbar sein.

Eugen Drewermann sagt ähnlich wie C. G. Jung: Träume sind der Versuch, durch Imagination das Leben zu erweitern. Wenn wir unsere emotionalen Schwingungen bei einer Traumdeutung beachten lernen: Welche Erinnerungen kommen dann? Welche Einfälle melden sich? Welche Visionen haben wir bei bestimmten Fragen an uns selbst? So können Träume bei Problemlösungen hilfreich sein.

Wenn man zum Beispiel jahrelang in seinen Träumen im Auto rückwärts fährt und die Bremsen versagen – wie es bei mir war –, dann macht einem die Traumkraft klar, dass Gefahr in Verzug ist. Wir treiben etwas in die falsche Richtung. Das Auto sind wir – wie das griechische Wort *autos* sagt – selbst. Der Sinn unserer Entwicklung ist, im Leben vorwärtszukommen, und nicht, ohne bremsen zu können, rückwärts zu fahren.

Um die Geburt Jesu gibt es im Neuen Testament mehrere Träume. Dem Zimmermann Josef erscheint im Traum ein Engel, der ihm den Namen seines Sohnes verkündet. Die drei Astrologen »aus dem Morgenland« erkennen auf dem Weg zum Stall von Bethlehem, dass sie dem König Herodes nicht trauen sollen, und Josef erfährt im Traum, dass er mit seiner jungen Familie vor Herodes fliehen muss. Der Glaube, dass Gott im Traum zu uns spricht, ist uralt. C. G. Jung hat die Träume »Gottes vergessene Sprache in uns« genannt. Hätte Jesu Vater nicht auf seine Träume gehört, wäre Jesus wahrscheinlich im Auftrag von Herodes getötet worden – zumindest der Legende nach. Die Botschaft des Friedens und der Liebe, die Jesus später in seiner Bergpredigt verkünden sollte, wäre unbekannt geblieben.

Friedensbotschaften und Friedensbotschafter sind für die Mächtigen, die gewohnt sind, ihren Gegnern mit Soldaten und Gewehren Angst einzujagen, immer gefährlich und müssen deshalb bekämpft und beseitigt werden. Deshalb wird Frieden erst sein, wenn Menschen vielleicht über ihre Träume lernen, Ängste voreinander abzubauen und Vertrauen zueinander aufzubauen. Wenn Machtmenschen lernen, auf ihre Träume zu achten, dann kann die Frohbotschaft Jesu eine größere Chance haben als heute.

35. Freunde statt Geld

»Amen! Amen! – Ich soll euch sagen:
Verschafft euch Freunde statt Geld.
Damit sie euch aufnehmen
In die jenseitigen Wohnungen.«

(Lk 16,9 RÜ)

»Freunde« steht hier für Engel – sie sind unsere Quartiermacher in der geistigen Welt. Engel warten auf uns, nicht Geld.

Jede und jeder weiß: Die Macht des Geldes endet spätestens auf dem Sterbebett. Darauf weisen in jüngster Zeit sogar immer mehr Milliardäre hin.

Warren Buffet, 35-facher Milliardär in den USA, hat angekündigt, 99 Prozent seines Vermögens für soziale Zwecke auszugeben. Er wolle eines Tages nicht als »der Reichste auf dem Friedhof« landen. Oder der Schweizer Milliardär und Migros-Gründer Gottlieb Duttweiler, an dessen genossenschaftlich organisiertem Großkonzern inzwischen bereits jeder dritte Schweizer beteiligt ist. Er organisiert und denkt schon seit Jahrzehnten in den Kategorien sozialen Kapitals. Oder auch der deutsche Milliardär und Gründer einer Drogerie-Kette Götz Werner. Er hat sich vom kleinen Drogisten bis zum Konzernchef emporgearbeitet, beschäftigt rund 30 000 Mitarbeiter in 1 500 Filialen und kämpft für die Einführung eines bedingungslosen Grundeinkommens für alle Bürger. Erst dann könnten alle in Würde leben. Geld, so Werner, ist dafür da, um das Miteinander zu organisieren. Werners Vorbild ist der Anthroposoph Rudolf Steiner. Ob ein bedingungsloses Grundeinkommen für alle – von 1 000 Euro im Monat ist meist die Rede – vorteilhafter ist als sozialstaatliche Leistungen wie Arbeitslosengeld, wird noch zu klären sein.

Nach Jesus ist Güte die einzige sichere Kapitalanlage. Er lebte in einem ganz anderen Geisteszustand als wir heute – in ständiger Verbindung zu seinem Abba und zu Engeln und zur geistigen Welt, wie aufgezeigt. Zur geistigen Welt gehören für Jesus selbstverständlich die Geistwesen, die Engel. Jesus macht immer wieder deutlich, dass es ihm nicht um sich selbst geht: Er handelt im Auftrag seines Vaters, auch über Engel.

Wie aber bekommen wir Engel als Freunde? Alle vier Evangelien sind voll von hilfreichen Hinweisen. Zu den bekanntesten Fingerzeigen Jesu gehört sein Wort bei Lukas 16,13: »Ihr könnt nicht zwei Herren dienen – Gott und dem Mammon – entweder oder!«

Das Lukas-Evangelium hat diesen Konflikt zwischen Geld und Geist zugespitzt. In Wirklichkeit gehört uns gar nichts. Alles, was wir haben, ist uns von Gott anvertraut, ist eine Leihgabe des Himmels, vermittelt von Engeln, Gottes Helfern. Wir sind lediglich Verwalter und deshalb rechenschaftspflichtig. Unser wahres Vermögen ist das Reich Gottes. Unsere Freunde sind die Engel, Gottes Geistboten, die uns über unser Gewissen und unsere Träume darüber aufklären, dass uns unsere Unersättlichkeit nach Geld und Geltung ruiniert – privat wie politisch: In den Zeiten des Brutal-Kapitalismus umrunden täglich mehr als 20 Milliarden Dollar ausschließlich aus Spekulationsgründen unseren Planeten – ohne jeden Sinn und Verstand, weil ohne jede ökonomische Wertschöpfung. Wir geben hundertmal mehr

Geld aus für Kriege als für Flüchtlings- oder Entwicklungshilfe. Auf jedem Dollarschein steht »In God we trust«. Aber aus Gottvertrauen wurde längst Geldvertrauen. Und statt auf Engel, Gott oder auf die geistige Welt vertrauen wir den Börsenspekulanten. Es gilt aber eher Goethes Wort aus dem »Faust«: »Wer immer strebend sich bemüht, den können wir (die Engel!) erlösen.«

»Diese Wirtschaft tötet«, sagt Papst Franziskus über das kapitalistische Wirtschaftssystem in einer Zeit, in der die vier reichsten US-amerikanischen Männer über mehr Geld verfügen als die eine Milliarde der Ärmsten. Wir beten das Kapital an und halten die Existenz von Engeln für lächerlich. Wir haben Geld längst zu Gott gemacht. Gegen diesen Wahnsinn gibt es nur ein Gegengift: Jesu Hinweis darauf, dass alles, was wir besitzen, uns, aus Gottes Hand, geliehen ist. Dann können uns Gottes Engel in die »jenseitigen Wohnungen aufnehmen«.

Dieses Gegengift wird uns in einem Psalm angeboten, den der wunderbare junge Mann aus Nazareth wahrscheinlich schon von Kindsbeinen an auswendig konnte: »Herr, deine Güte reicht, so weit der Himmel ist, deine Treue, so weit die Wolken ziehen. Deine Gerechtigkeit steht wie die Berge Gottes, deine Urteile sind tief wie das Meer. Herr, du hilfst Menschen und Tieren. Gott, wie köstlich ist deine Güte! Die Menschen bergen sich im Schatten deiner Flügel, sie laben sich am Reichtum deines Hauses; du tränkst sie mit dem Strom deiner Wonnen. Denn bei dir ist die Quelle des Lebens, in deinem Licht schauen wir das Licht.« (Psalm 36)

36. Ihr werdet sein wie Engel

»Die tauglich geworden sind für jene Welt –
Sie können nicht mehr sterben,
weil sie wieder wie die Engel sind.«

(Lk 20,35.36 RÜ)

Die Souveränität, mit der Jesus über Engel spricht, ist bemerkenswert. Wer ermächtigt ist, so zu sprechen, der muss Gott sehr nahestehen. Aufgrund dieses Wissens kann er sagen, dass wir eines Tages »wie die Engel« sein werden. Wir werden geistig wiederbelebt – nicht körperlich auferstehen. Im Aramäischen gibt es das Wort »Auferstehung« gar nicht. Geistig wiederbelebt ist ein Mensch nach Jesus dann, wenn er durch bewusstes Handeln tauglich geworden ist, in Gottes Reich eingelassen zu werden. In der Theologensprache meint der Begriff »Auferstehung«, dass Jesu Leichnam vom Tod erweckt worden sei. Im Aramäischen meint das Wort »Wiederbelebung« jedoch die Rückkehr des Feinstoffleibs Jesu in seinen grobstofflichen Leib. Nur das Wissen um den Zusammenhang unseres zeitlichen, grobstofflichen Hierseins und unseres ewigen Seins in der feinstofflichen, geistigen Welt Gottes löst alle Rätsel nach Schuld und Schicksal, nach dem Ursprung des Bösen sowie nach Sinn und Ziel des Lebens und Leidens. Unser zeitliches Dasein zurückzuführen auf ein ewiges Sein, das erfordert freilich ein radikales Umdenken und Umhandeln.

Dies wird auch beim nächsten Engel-Wort Jesu deutlich.

37. Jesus bekennt sich zu uns – über Engel

»Amen! Amen! – Ich soll euch sagen:
Jeder, der sich zu mir bekennen wird
vor den Menschen –
zu ihm werde ich mich bekennen
vor den Engeln.
Jemand aber, der mich verleugnen wird
vor den Menschen –
Ihn werde ich verleugnen
vor den Engeln.«

(Mt 10,32.33 / Lk 12,8.9 RÜ)

Jesus war sich also ganz gewiss, dass uns beim Übergang vom diesseitigen zum jenseitigen Leben helfende Wesen, Engel, zur Seite stehen werden. Diese Erkenntnis deckt sich auch mit vielen Berichten aus Nahtod-Erlebnissen: Engel, Schutzengel, geistige Wesen warten auf uns. In unserer heutigen rationalistischen und materialistischen Zeit sind uns Engelwesen als Gottesboten fremd geworden. Ein solcher Materialismus und Kapitalismus ist *die* chronische Krankheit unserer Zeit.

Unser »Bekenntnis« zu Jesus meint natürlich keine dogmatische Bekenntnistreue, sondern konkretes Handeln in seinem Sinn: in unserer Einstellung zu Flüchtlingen, in unserem konkreten Umweltverhalten, in der Art unserer Mobilität und Ernährung, durch bewusst-ethische Geldanlagen bis hin zur politischen Fragestellung, ob fünf Milliarden Euro staatliche Investitionen in die Welthungerhilfe nicht sinnvoller wären, als diese Summe in Panzer und Raketen zu stecken. Hinter all diesen Fragen steckt die alles entscheidende Frage: Handeln wir im Geiste Jesu, oder verleugnen wir seine Ideale einer besseren und menschlicheren Welt? Bekennen wir uns in unserem Alltag zu ihm, oder verleugnen wir ihn durch unser konkretes Tun? Engel oder Teufel – was ist uns wichtiger?

Auch ich hatte für das Thema »Engel« lange nur ein Lächeln übrig. Aber je mehr ich mich mit Jesus beschäftige, desto mehr stoße ich auf die Existenz von Engeln. Für viele unserer Vorfahren waren Engel noch eine Selbstverständlichkeit. Das zeigt schon ein flüchtiger Blick auf die Kunst des Mittelalters. Wer Jesus ernst nimmt, kommt an Gottesboten und Gotteshelfern in der geistigen Welt nicht vorbei.

Es war ein Gottesbote, der zu Maria sagte: »Fürchte dich nicht, Maria. Du hast Wohlgefallen bei Gott gefunden. Sieh! Du wirst schwanger werden. Du wirst einen Sohn gebären. Du sollst ihn Jesus nennen.« (Lk 1,30 RÜ)

Oder bei Jesu Geburt ein Engel zu den Hirten: »Fürchtet euch nicht! Ich verkündige euch eine große Freude, die jedermann zuteilwerden soll. Heute wurde der Wiederbeleber geboren am Ort Davids. Dies sei das Erkennungszeichen für euch: Ihr werdet einen Knaben finden, gewickelt in Windeln und liegend in einer Krippe.« (Lk 2,10-12 RÜ)

Für Paulus ist Jesus der erste Engel in der geistigen Welt: »Er ist das Ebenbild Gottes und der Erstgeborene aller Geistwesen. Durch ihn lässt Gott alles entstehen, und durch ihn lässt er alles leben. Gott will, dass durch ihn die ganze Vollzahl zurückgeführt werde und dass *alles* durch ihn versöhnt werde, was auf der Erde ist und in den Himmeln.« (Kol 1,15-17.19-20 RÜ)

Auch für Paulus ist Jesus folglich nicht Gott, sondern sein Ebenbild, das er »im Ursprung« geschaffen hat. Es heißt also nicht »Am Anfang«, wie es in der griechischen Übersetzung bei Johannes steht. »Am Anfang«, das provoziert sofort die Frage, was vor dem Anfang war. Im Aramäischen ist der Anfang gleich dem Ursprung. »Im Ursprung schuf Gott Himmel und Erde ...« Das ist viel logischer. Das aramäische Wort betrifft nicht den zeitlichen Anfang, sondern den zeitlosen Ursprung. Nach biblischem Zeugnis lebte Jesus, bevor er Mensch wurde, als Geistwesen einzigartig und in unmittelbarer Nähe zu Gott. Deshalb konnte er Gott so authentisch beschreiben. Wie denn sonst?

Auch bei diesen Engelworten wird deutlich, dass uns der aramäische Text, dank Günther Schwarz, befreit von Übersetzungsfehlern und verfälschenden Ausschmückungen, ein Evangelium neu schenkt, das wirkliche Jesus-Evangelium, welches für jeden Suchenden ein Schatzkästchen ist.

Spätestens seit der Aufklärung haben Engel auch in der Theologie ein bescheidenes Dasein gefristet. Heute jedoch werden wieder viele Engel-Bücher publiziert. Anselm Grün: »Es ist nicht immer klar, ob sie (die Engel) selbstständige Wesen sind oder nur Bilder für Gottes liebende und tröstende Gegenwart ... Die Vorstellungen, die wir mit ihnen verbinden, sind kostbare Bilder, Imaginationen einer Sehnsucht nach einer anderen Welt der Geborgenheit und Leichtigkeit, der Schönheit und Hoffnung.«

Ob uns Gott zur Seite steht oder seine Engel in seinem Auftrag uns beschützen, wie es Günther Schwarz in der Spur des »aramäischen« Jesus eher vermutet, scheint mir nicht so wichtig. Künstler ließen sich schon immer von Engeln inspirieren, nicht nur im Mittelalter: Paul Klee, Marc Chagall oder auch HAP Grieshaber.

Engel sind Energie-Potenziale, die unser Leben transformieren können und die uns schützen. Ich höre auch Erwachsene, die mit Kirche und klassischer Religion nichts mehr zu tun haben wollen, manchmal nach einem Beinahe-Unfall noch sagen: »Ich hatte einen aufmerksamen Schutzengel.« Und wie oft sagen Liebende in Stunden der Zärtlichkeit zueinander: »Du bist mein Engel.« Der Dichter Heinrich Böll hat eine eigene »Theologie der Zärtlichkeit« eingefordert und war erfüllt von »Engeln der Zärtlichkeit«.

38. Die Auferstehung der Toten

»Und seht! –
Es gibt keinen Gott der ›Toten‹,
sondern einen Gott der ›Lebenden‹,
denn aus ihm leben sie alle.«

(Mt 22,32 RÜ)

Jesus war mit Sadduzäern in ein Streitgespräch verwickelt. Sie waren eine einflussreiche religiöse und politische Gruppierung, leugneten aber im Gegensatz zu den Pharisäern die Existenz von Engeln und das Weiterleben nach dem Sterben. Einige Sadduzäer hatten Jesus eine irre Frage gestellt: »Meister! – Moses hat uns geboten: Wenn Brüder zusammen wohnen und einer von ihnen stirbt, ohne einen Sohn zu haben, so soll sein Bruder die Witwe heiraten und seinem Bruder einen Nachkommen zeugen. – Es lebten sieben Brüder. – Der erste heiratete und starb und hinterließ keinen Nachkommen. Ebenso auch der zweite und der dritte bis zum siebten. Zuletzt, nach allen, starb auch die Witwe. Bei der Wiederbelebung – falls sie wiederbelebt werden –, wessen Ehefrau wird sie sein? Denn alle sieben hatten sie geheiratet.«

Jesus antwortete: »Bei der Wiederbelebung, nachdem Gott sie wiederbeleben ließ, heiraten sie nicht und werden sie nicht verheiratet, sondern sie sind wie die Gottesboten (Engel) in den Himmeln. Und seht! – Es gibt keinen Gott der ›Toten‹, sondern einen Gott der ›Lebenden‹, denn aus ihm leben sie alle.« (Mt 22,23-31 RÜ)

Jesu Vater ist also »ein Gott der Lebenden«, ein Gott der Lebensgarantie.

In griechischen Texten ist dabei immer von »Auferstehung« die Rede. Doch das entsprechende aramäische Wort heißt »Wiederbelebung«. Der Unterschied ist beträchtlich: »Auferstehung« meint ein Ereignis, bei dem der Betroffene sich passiv verhalten kann. Die »Auferstehung« hängt von seinem Glauben oder Unglauben ab – Auferstehung geschieht ohne Rücksicht auf das persönliche Bemühen. »Wiederbelebung« hingegen deutet an, dass der Betroffene selbst aktiv sein muss, um »wiederbelebt« zu werden. »Wiederbelebung« meint eine geistige Hilfe zur Selbsthilfe.

Neben der Liebe ist der Tod das wichtigste Ereignis in unserem Leben. Doch wir haben viel Angst vor dem Tod. Wenn man bei gesellschaftlichen Ereignissen oder auch bei lockeren Runden im Freundeskreis anfängt, vom Tod oder auch nur von Nahtoderlebnissen zu erzählen, erstarren auch die besten Freunde. Sehr viele Menschen sehen den Tod heute nicht mehr als Übergang oder als Wandlung, sondern als das endgültige Aus oder als Katastrophe schlechthin.

Der Tod wird uns wohl alle überraschen, ob wir viel oder wenig oder gar nichts glauben. Bewiesen ist: Die etwa zwei Millionen Menschen, die mit Nahtoderfahrungen in Deutschland leben, sind angstfreier nach dem ersten Blick auf die »andere Seite« oder in die geistige Welt. Sie wurden künstlich reanimiert, oft gegen ihren Willen in dieses Leben zurückgeholt, obwohl sie zum Großteil nicht mehr zurückwollten. Sie sagen alle, dass Angst vor dem Tod unbegründet sei.

Von der großen Sterbeforscherin Elisabeth Kübler-Ross, die viele hundert Menschen beim Sterben in ihren Armen hielt, habe ich während der Produktion einer Fernsehsendung, in der ich sie kennen lernte, vor allem eines gelernt: Wer vertraut, ist nicht allein. Hoffen, Vertrauen und Glauben ist schlicht vernünftig. Die Tiefenpsychologie und die Neuropsychologie lehren uns, dass Angst und Hoffnungslosigkeit Gefühle sind, die uns krank machen, Vertrauen und Hoffen aber heilende Wirkung haben. Deshalb ist die Hoffnung der Verzweiflung immer vorzuziehen. Seelische Erfahrungen und das Beachten unserer Träume können solche Erfahrungen und Hinweise ebenfalls vermitteln. Ich möchte dahin kommen, dass ich eines Tages nicht mehr sterben muss, sondern sterben darf. Einer meiner besten Freunde ist vor einem Jahr mit 83 Jahren gestorben. Bei unserem letzten Treffen in einem Hospiz sagte er freudestrahlend: »Ich hätte nie gedacht, dass Sterben so leicht sein kann.«

Mehrere Menschen mit Nahtoderlebnissen berichteten mir nach dem mehrmaligen Ausstrahlen des Films mit Elisabeth Kübler-Ross im Fernsehen, dass sie nach diesem Erlebnis spiritueller, bewusster und achtsamer lebten als zuvor.

Wenn Gott ein »Gott der Lebenden« ist, wenn wir werden wie Engel oder auch, wenn wir wiedergeboren werden, wovor sollten wir dann Angst haben?

Übrigens, liebe Leserin und lieber Leser: Glauben Sie an Engel? Während Sie diese Seiten lesen, verbrauchen Sie Sauerstoff, den Sie nicht sehen, der aber lebensnotwendig ist. Ebenso könnte es mit der Existenz von Engeln sein.

39. Satan ist der Erfinder der Lüge

»Der Satan war während der Vorzeit ein Engel:
Aber er blieb nicht wahrhaftig,
sodass keine Wahrheit mehr in ihm war.
Als er Lügen redete,
redete er aus sich selbst,
weil er ein Lügner war und auch ihr Erfinder.«

(Joh 8,44 RÜ)

Die Radikalität dieser Sprache erschreckt. Jesus ohne Wenn und Aber: Es gibt den Teufel. Er ist eine Realität. Manchmal höre ich von frommen Christen, dass man »vorsichtig« sein müsse und nicht anecken dürfe. War Jesus vorsichtig? Hätte er nicht angeeckt, wir hätten ihn längst vergessen.

Für die Existenz des Bösen ein harmlos scheinendes aktuelles Beispiel der deutschen Sprache: Das Wort »Gutmensch« wird oft als Schimpfwort gebraucht – es wurde 2016 sogar »Unwort des Jahres«. Eine satanische Sprachverwirrung. »Gut« plus »Mensch« soll gleich »schlecht« sein. Der teuflische Trick: »Gutmenschen« werden für alles Schlechte verantwortlich gemacht. Spätestens seit der Neujahrsnacht 2016 am Kölner Hauptbahnhof werden auch Flüchtlingshelfer und ihre Willkommenskultur als naive »Gutmenschen« abgestempelt. Jetzt wird klar, warum im Griechischen der Teufel »Diabolos« heißt: der, der alles durcheinanderbringt und der die Menschen verrückt macht.

Die meisten Menschen im christlichen Kulturkreis halten Satan für eine fromme Erfindung, um Menschen Angst einzujagen. Die Existenz des Teufels halten sie eher selbst für eine Lüge, als dass sie ihn für einen Lügner halten. Doch Jesus klärt uns auf: Der Glaube an den Satan ist kein Aberglaube. Satan war einst ein mächtiges Geistwesen, ein herausragender Sohn Gottes wie Jesus auch. Doch dieser Engel wurde schuldhaft zum Satan, weil er der »Erfinder« der Lüge ist. Nicht der »Vater der Lüge«, wie es in der Einheitsübersetzung steht. Der raffinierteste Trick des Teufels bestand schon immer darin, uns einzureden, dass es ihn gar nicht gibt.

Das eigentlich Satanische an Satan und am Menschen ist die Lüge. Durch die Lüge werden wir Menschen mit Satan geistesverwandt. Weil das so ist, stehen Menschen immer in Gefahr, vom Satan für satanische Ziele und Zwecke missbraucht zu werden, zum Beispiel in Fragen des Geldes und der Macht.

40. Jesus sah den Sturz Satans

»Ich habe den Satan beobachtet,
als er fiel wie ein Blitz,
der vom Himmel fällt.«

(Lk 10,18 RÜ)

Jesus geißelt den Satan, weil er ihn für den »Erfinder« der Lüge hält. Es ist also davon auszugehen, dass Jesus die Wahrheit sagt, wenn er ganz selbstverständlich davon berichtet, dass er mit eigenen Augen gesehen, also beobachtet habe, wie der Teufel blitzartig »vom Himmel fällt«. Wir können uns also vorstellen, dass Jesus bei Gott war und Augenzeuge des Sturzes von Satan wurde. Der ehemalige Sohn Gottes war jetzt ein »armer Teufel« geworden. Mit dieser uns seltsam anmutenden Geschichte wollte Jesus wohl seinen Freunden klarmachen, warum die Zustände auf der Erde eher satanisch denn göttlich sind. Und warum wir alle über Leiden und Lernen eine »Reifeprüfung« zu bestehen haben, bevor wir Einlass in die geistige Welt Gottes, in die Himmelsherrschaft, finden können.

Apokalyptische Geschichten wie der »Fall Satans« vom Himmel waren zur Zeit Jesu weitverbreitete und selbstverständliche Bilder. Würde ein Prediger heute in solchen Bildern reden, er würde wahrscheinlich in der Psychiatrie landen. Das kann jedoch kein Grund dafür sein, ein vor 2 000 Jahren gesprochenes Jesuswort heute nicht ernst zu nehmen. Es stellt sich allerdings die Frage: Wenn schon Psychiatrie: Wer denn? Jesus oder wir Ungläubigen?

41. In Jesus lebt ein dynamisches Gottesbild

»Jesus sah sie (seine Jünger) an.
Er antwortete:
Was für Menschen unmöglich ist,
für Gott ist *es möglich.«*

(Mk 10,27 RÜ)

Die Szene kann man sich gut vorstellen: Ein reicher junger Mann kommt zu Jesus und will sich moralisch rückversichern. Er habe alle Gebote eingehalten. »Jesus blickte ihn wohlwollend an«, heißt es dann bei Markus mit leichter Ironie – und sagte ihm freundlich ins Gesicht: »Eines fehlt dir noch: Geh hin! Verkaufe alles und verteile den Erlös an Arme. Dann wirst du einen Schatz in den Himmeln haben. Und dann nimm mein Joch auf dich und folge mir.« »Ihm aber wurde Angst«, heißt es in dieser Geschichte weiter. »Und er ging bekümmert weg, denn er war sehr reich.«

Daraufhin Jesus zu seinen Schülern: »Meine Schüler! Wie schwierig ist es für jene, die auf ihren Reichtum vertrauen, eingelassen zu werden in das Königtum Gottes.« Seine Schüler wunderten sich über diesen Ausspruch und fragten einander: »Wer kann dann wiederbelebt werden?« Jesu Antwort steht am Beginn dieses Kapitels.

Im Gegensatz zum statischen Gottesbild des damaligen orthodoxen Judentums, dem die Einhaltung von 613 religiösen Vorschriften am wichtigsten war, war Jesus von einem dynamischen Gottesbild durchdrungen. Das Gottesbild des allmächtigen Patriarchats war entwicklungsfeindlich, Jesu Gottesbild war entwicklungsfreundlich. Mit einem dynamischen Gottesbild lebt auch Papst Franziskus ganz gut: »Ich gebe dem

Heiligen Geist viel Raum. Er ist immer für Überraschungen gut.«

Unser Gott ist ein dynamischer Gott: Er will und wird die Qualität, die Universalität und die Schönheit der Dinge weiter vorantreiben – mit uns. Er ist und bleibt damit ein Gott der Überraschungen. Bei Menschen ist meist mehr möglich, als sie sich vorstellen können. Bei Gott ist alles möglich. Nur eines nicht: dass er Menschen ihren freien Willen nimmt.

Mit Hilfe ihres freien Willens engagieren sich auf der ganzen Welt immer mehr Menschen jenseits aller Religionen und Konfessionen im Geiste des Bergpredigers. Der Nazarener setzte nicht primär auf die Macht von Institutionen, sondern auf die unsterbliche Energie von Menschen. Die neuen sozialen Bewegungen:

- verknüpfen ökonomische und ökologische, nachhaltige und soziale Aspekte miteinander,
- arbeiten an einer Wirtschaft mit entschieden weniger Ressourcenverbrauch,
- verlangen von der Politik – nach den Erfahrungen der letzten Weltwirtschaftskrise – mehr Kontrolle der Großbanken,
- fragen bei Geldanlagen nach ökologischen und ethischen Kriterien,
- entwickeln Konzepte, die bis zum Jahr 2050 den Ressourcenverbrauch um den »Faktor Fünf« (Ernst Ulrich von Weizsäcker) oder um den »Faktor Zehn« (Friedrich Schmidt-Bleek) verringern sollen,
- schlagen der UNO die Ein-Dollar-Revolution vor, das heißt weltweit einen Mindestlohn von einem Dollar pro Stunde einzuführen,
- setzen sich dafür ein, dass Regierungen eine ökologische Steuerreform einführen (um den Faktor Arbeit zu entlasten und den Ressourcenverbrauch steuerlich zu belasten).

In all diesen neuen Bewegungen leuchtet die Wandlungs- und Veränderungsbereitschaft Gottes in uns auf. Die institutionellen religiösen Rahmenbedingungen mögen und werden sich ändern. Aber es bleibt gut und hilfreich, wenn auch Institutionen dauerhaft von der Gegenwart Gottes erzählen und die Erinnerung an den wirklichen Jesus aufrechterhalten. Was im Herbst 2015 und im Winter 2016 Millionen Menschen aller sozialen Schichten, Religionen und Konfessionen für die neu ankommenden Flüchtlinge in Deutschland getan haben, ist ein Beweis für die Lebendigkeit der Nächstenliebe in unserer Gesellschaft. Jesus lebt, und seine Bergpredigt wirkt wie ein fruchtbarer Sauerteig in der säkularen Gesellschaft.

Viele Menschen haben die Geschichte vom reichen Jüngling wirklich verstanden und Jesu Seligpreisungen so aktualisiert: »Selig sind, die Flüchtlingen helfen.« Entscheidend ist nicht, dass Ideale als christlich tituliert werden: Wichtig ist, dass sie gelebt werden. Aus »German Angst« wurde »German Hoffnung«. In der Hoffnung auf eine bessere Zukunft wächst auch die Kraft für notwendige Veränderungen.

42. Jesus und die Sexualität

»Du sollst dich nicht vor der Geschlechtlichkeit fürchten!
Du sollst aber auch nicht darauf brennen!
Sooft du dich vor ihr fürchten wirst,
wird sie dich beherrschen;
sooft du aber darauf brennen wirst,
wird sie dich verschlingen.«

(Philippus-Evangelium 62 RÜ)

Dieses wichtige Jesuswort wurde nicht ins offizielle Neue Testament aufgenommen. Bis heute haben die christlichen Kirchen, vor allem die katholische, ein geradezu neurotisches Verhältnis zur Sexualität. Die christlichen Kirchen sind für Milliarden Sexualneurosen verantwortlich. Ein Beispiel ist das Verhältnis der katholischen Kirche zur Homosexualität. Seriöse Schätzungen gehen davon aus, dass heute weltweit in katholischen Priesterseminaren jeder zweite Studierende homosexuell ist. Und doch wird das Thema verdrängt und verschwiegen. Als vor wenigen Monaten ein Freund von mir, der Priester war, starb, sagte er mir bei unserem letzten Gespräch voller Zorn: »Die katholische Kirche ist eine Bande von Heuchlern« – er meinte die Verlogenheit der katholischen Sexualethik.

Der katholische Priester Jonas Schmid (Name geändert, F.A.) lebt in der Schweiz in einer Partnerschaft mit einem anderen katholischen Priester und sagt: Die katholische Sexuallehre »ist unbeweglich, obwohl sie auf Irrtümern beruht. Irrtum eins: Die Sexualität dient nur der Fortpflanzung. Irrtum zwei: Die Schöpfungsordnung kennt nur eine einzige geschlechtliche Orientierung, die heterosexuelle. Naturwissenschaftlich ist Papst Franziskus inzwischen auf der Höhe der Zeit, wie seine Umweltenzyklika beweist, aber humanwissenschaftlich lebt er noch auf einem anderen Planeten. Würde sich Papst Franziskus auch naturwissenschaftlich auf dieses Niveau begeben, dann wäre die Erde noch immer eine Scheibe.« Im Gegensatz zum Hinduismus zum Beispiel kennt das abendländische Christentum noch immer keine Ars Erotica. Die »Kunst des Erotischen« ist im gesamten christlichen Abendland noch immer ein Fremdwort.

Noch im Juli 2015 hat der Schweizer Bischof Vitus Huonder mit Berufung auf das Alte Testament über die Todesstrafe für Homosexuelle nachgedacht. Sein Zitat: »Schläft einer mit einem Mann, wie man mit einer Frau schläft, dann haben sie eine Gräueltat begangen; beide werden mit dem Tod bestraft;

ihr Blut soll auf sie kommen.« (Levitikus 20,13) Der Kongress, auf dem Huonder sprach, hatte das schöne Thema »Freude am Glauben«. Tausend Katholiken lauschten dem Mann in Fulda. Es ist nicht bekannt, wie viel Freude bei den Zuhörern aufkam. Der Bischof ist noch immer im Amt. Worüber er öffentlich nachgedacht hat, das kann als Anstiftung zum Mord interpretiert werden. So verantwortungslos, jesusfeindlich und unchristlich reden christliche Fundamentalisten noch heute. Pervers ist, dass sie im Namen Jesu sprechen.

Jesus hat Sexualität nie abgewertet. Auch in der Sexualität sah er selbstverständlich das Wirken und den Willen Gottes. Im Gegensatz zu vielen kirchlichen Asketen ist bei Jesus von Frauen- oder Geschlechtsfurcht nichts festzustellen.

Liebevolle Partnerschaft zwischen Mann und Frau ist für Jesus die Versöhnung des Weiblichen mit dem Männlichen, *die* Schule der erotisch-geistig-seelischen Umarmung. Die Liebe zwischen Mann und Frau ist das Abbild der Liebe Gottes zu den Menschen. Jesus ist ein Meister der Liebe und des Eros.

Selbstverständlich gehörten zu seinem Jüngerkreis auch Frauen, sie waren seine ständigen Begleiterinnen. Kein Rabbi, der ernst genommen werden wollte, hat sich mit einer Schar Jüngerinnen umgeben, wohl aber Jesus. Sechs Jüngerinnen Jesu sind mit Namen bekannt: Johanna, Susanna, Maria (Frau des Kleopas), Maria (Mutter des Jakobus), Salome und Maria Magdalena. Nach Lukas folgten außer ihnen noch »viele andere Frauen« Jesus »von Stadt zu Stadt und von Dorf zu Dorf«.

Seit den vielen Missbrauchsskandalen können Kirchenvertreter, die noch halbwegs ernst genommen werden wollen, diesen üblen Missstand nicht mehr bestreiten. Im Januar 2016 hat der unabhängige Gutachter Ulrich Weber, der den Missbrauchsskandal um die weltbekannten Regensburger Domspatzen untersucht, einen Zwischenbericht vorgestellt. Danach wurden in Regensburg zwischen 1953 und 1992 mindestens 231 Kinder von 42 katholischen Priestern und Lehrern missbraucht. Die Dunkelziffer, so Weber, liege weit höher: seinen Schätzungen zufolge bei etwa 700 Kindern. Bisher seien ihm mindestens 50 Fälle von sexuellem Missbrauch bekannt. Etwa jeder dritte Schüler litt unter körperlicher Gewalt.

Warum kann ein Gutachter in acht Monaten viermal so viele mutmaßliche Opfer ermitteln wie das Bistum zuvor in fünf Jahren? Warum wurde vertuscht, verleugnet und verschwiegen? Ulrich Weber geht davon aus, dass auch Georg Ratzinger, 30 Jahre lang Leiter der Domspatzen und Bruder des früheren Papstes Benedikt, über die Gewaltexzesse Bescheid wusste. Georg Ratzinger war am Tag der Pressekonferenz des Gutachters bei seinem Bruder im Vatikan. Zwei Tage danach gab er ein Interview und sagte: »Ohrfeigen ja, Missbrauch nein.« Prügel seien damals »üblich gewesen«, von sexuellem Missbrauch aber »habe ich gar nichts gewusst«. Zur Aufklärungsarbeit des Gutachters meint er: »Diese Kampagne ist für mich ein Irrsinn.« Für den 92-Jährigen »ist die Sache abgeschlossen«. Weiterhin zu vertuschen und zu verdrängen wäre ihm wohl lieber gewesen.

Der Jesuitenpater Klaus Mertes, der als Erster schon 2010 Missbrauchsfälle in der deutschen katholischen Kirche öffentlich gemacht hatte, spricht von einem »harten Block von Verweigerern« in Regensburg und kritisiert Kardinal Müller, der bei den ersten Berichten über sexuellen Missbrauch von einer »Pressekampagne« gesprochen hatte wie heute noch Ratzinger. Viele Missbrauchsopfer stünden bis jetzt »vor einer Schweigemauer und vor Verleugnungsfronten«, wenn sie sich heute an Müllers Glaubenskongregation im Vatikan wenden. Im Dezember 2015 sagte Kardinal Müller in der »Zeit«: »Die Kirche ist kein Philosophenclub.«

Es haben noch längst nicht alle Missbrauchsopfer unter den Regensburger Domspatzen ausgesagt. Viele schämen sich und wollen ihre Kirche mit dem tatsächlichen Verhalten nicht konfrontieren. Was würde Jesus dazu sagen?

Eines der Opfer in Regensburg: »Beliebt waren die wöchentlichen ›Duschtage‹: Erstaunlicherweise war dann auch der zuständige Direktor anwesend. Dort erhielt der eine oder andere Bub eine ›Spezialbehandlung‹.« Die meisten schwiegen, erzählt das Opfer heute, fragt aber: »Wer hätte einem achtjährigen Buben mehr geglaubt als einem Herrn Monsignore?« Auch Udo Kaiser kam als Achtjähriger zu den Domspatzen. Er sagt: »Die Schwarze Pädagogik war ja in den 50er und 60er Jahren gängig und erlaubt. Bei uns wurde das Personal aber zudem sexuell übergriffig.« Einige der Opfer, so Kaiser, haben sich später das Leben genommen.

Im Bistum Hildesheim steht erstmals ein deutscher Ex-Bischof selbst unter Missbrauchsverdacht. Der amtierende Weihbischof schrieb dem Opfer, dass er sich schäme, »dass Ihnen durch eine bischöfliche Autoritätsperson solches Unrecht zugefügt wurde«. Das Bistum zahlte 10 000 Euro »Schmerzensgeld«.

Ein beliebter Joke unter jungen Leuten heißt: »Was sind die *drei* schönsten Dinge des Lebens? Essen und Trinken.« Zum Erhalt des Lebens und zur Freude an ihm hat uns Gott auf Sexualität hin geschaffen. In seinem ersten Lehrschreiben »Evangelii gaudium« hat Papst Franziskus allein in der Einleitung 48-mal das Wort »Freude« verwendet, eine Frohe Botschaft, wie Jesus sie verkündete. Mit dem hier zitierten Wort über Sexualität erinnert uns Jesus daran, dass wir im Gegensatz zu Tieren bewusste, freie und verantwortungsvolle Entscheidungen fällen können.

Er spricht gelassen über Sexualität. Er nimmt in dem obigen Zitat die moderne Sexualpsychologie vorweg: Er wusste um die gefährliche Kraft des Geschlechtstriebs, besonders bei uns Männern, aber er empfahl eine geistige Ausgewogenheit. Furcht vor Sexualität macht uns so abhängig, wie »Verbrennen« zur Sucht führt.

Die Psychotherapie weiß schon lange, dass nur eine Spiritualität, die den Körper mit seiner natürlichen Sexualität bejaht, zur Gesundheit des Menschen führt. Deshalb sind viele zölibatär lebende Priester krank oder werden sexuell »abartig«. Auch katholische Priester dürsten nach einer heilbaren Spiritualität.

Nach dem Zeugnis der Evangelien hat Jesus – im Gegensatz zu den Vertretern der Kirchen von heute – nur wenig zu den Themen Ehe, Familie und Sexualität gesagt. Er hat keine eigenständige Sexualethik vertreten. Er hatte wichtigere Themen. Und wenn er das Thema Familienethik aufgriff, dann meist unter dem Aspekt der Benachteiligung der Frau. Aber was machen die Kirchenbeamten aus dieser Jesus-Botschaft, also mit dem Schönsten und Kostbarsten unseres Lebens, das wir letztlich Gott verdanken? Kein Sex vor der Ehe – kein Sex außerhalb der Ehe – und: Sex-Pflicht in der Ehe! Hauptsache schlechtes Gewissen! So aber hat Jesus nie gedacht oder gelehrt.

In der Einheitsübersetzung sagt Jesus bei Matthäus über den Ehebruch rigoros: »Ihr habt gehört, dass gesagt worden ist: Du sollst nicht die Ehe brechen. Ich aber sage euch: Wer eine Frau auch nur lüstern ansieht, hat in seinem Herzen schon Ehebruch mit ihr begangen.« (Mt 5,27.28)

Doch in der Rückübersetzung ins Aramäische sagt Jesus viel realistischer: »Ihr habt gelernt, dass Abba den Vorfahren geboten hat: Brich die Ehe nicht! Ich aber sage euch: Jeder, der seine Frau willkürlich verstößt, er bricht die Ehe.« Er war immer auf der Seite der Schwachen. Er verurteilte die Willkür der Männer gegenüber den Frauen. Das schien ihm wichtiger, als von der »Unauflöslichkeit« der Ehe zu sprechen. Er lehnte es ab, Fragen des Herzens und Fragen der Liebe mit Hilfe von Gesetzen zu regeln.

Eine Frau galt vor 2 000 Jahren nicht als vollwertiger Mensch. Zu Jesu Lebzeiten konnte sich ein Ehemann seiner Ehefrau leicht entledigen. Er musste nur behaupten, etwas Abstoßendes an ihr entdeckt zu haben, und konnte ihr einen rechtsgültigen Entlassungsbrief übergeben. Dieses Recht galt aber nur für den Ehemann. Diesem Unrecht setzte Jesus seine eigene Ethik von der Gleichheit aller Menschen entgegen, sie war zwingend logisch. Bei Matthäus (19,9 RÜ) sagt er zu seinen Schülern: »Amen! Amen! Ich soll euch sagen: Jemand, der seine Ehefrau entlässt, außer wegen Ehebruchs – er bricht die Ehe.« Wahre Liebe kann es nicht geben ohne Gleichberechtigung.

Aus psychoanalytischer Sicht stellt sich die Frage, warum im Namen der Religion noch immer geprügelt und missbraucht wird. Es ist bemerkenswert, was Religionen alles mit den Genitalien von Kindern anstellen: Juden beschneiden Jungen, Muslime beschneiden Mädchen und Christen tun sich noch immer schwer mit der Aufklärung ihrer vielen Missbrauchsfälle.

Der französische Jesuit Michel de Certeau hatte schon vor 50 Jahren Probleme mit der Sexualmoral seiner Kirche und stellte fest: »Das moralische (vor allem das sexuelle) Verhalten des Menschen richtet sich so wenig nach den Vorgaben der Bibel und der Päpste wie die Sternenbahnen; darum gibt es eigentlich nichts zu reglementieren.« Ob die katholische Kirche mit der Revision ihrer Sexualethik so lange braucht, wie sie brauchte, um sich der Sternenbahnen wegen bei Galileo Galilei zu entschuldigen, nämlich exakt 359 Jahre?

43. Jesus und die Frauen

»Er, der im Ursprung das Männliche hervorbrachte,
er brachte im Ursprung auch das Weibliche hervor.
Darum sind sie nicht zwei,
sondern sie sind ein einziger Mensch.
Das, was Gott zusammengepaart hat,
das soll der Mensch nicht trennen.«

(Mt 19,4-7 RÜ)

Was Jesus hier zu Pharisäern sagt, die ihm eine Falle stellen wollen, bedeutet in der Sprache der Tiefenpsychologie: Menschsein ist eine Synthese des weiblichen und männlichen Prinzips in der Seele eines jeden Menschen – schon »im Ursprung«. Die Männerargumente gegen Frauen in Kirchenämtern, zum Beispiel gegen eine Päpstin, sind so unzeitgemäß wie unchristlich und unjesuanisch, sie sind nur noch lächerlich und peinlich. Ich kann meine Frau, unsere Töchter und Millionen Frauen auf der ganzen Welt mit ihrem Argument »Was soll ich eigentlich noch in einer Männerkirche?« gut verstehen. Jesus hat Frauen nie diskriminiert, er hat aber Männer immer zurechtgewiesen, wenn sie es taten. Und das vor 2 000 Jahren, als das Patriarchat noch brutal, roh und unbarmherzig war. Nicht Männerkirchen werden Zukunft haben, sondern nur geschwisterliche Kirchen.

Die Weltgeschichte hat 5 000 Jahre lang dem Mann die weltgeschichtliche Tat zugeschrieben. Aber die Geschichte Jesu war nie eine Männergeschichte. Dass Kirchenmänner sie weitgehend dazu gemacht haben, ist vielleicht der größte Verrat an Jesu Lehre und Leben. Wie albern, inhuman und unchristlich führende Kirchenmänner noch heute auf Frauen in den Kirchen reagieren können, zeigte Papst Johannes Paul II. nach der Wahl von Barbara Harris zur ersten anglikanischen Bischöfin. Der Papst gab sich »schwer getroffen«, weil »mein Bruder Robert Runcie«, der Primas der anglikanischen Kirche, nicht alles getan habe, um »diese Wahl« zu verhindern. Dieser Papst selbst hat Millionen Frauen aus seiner Kirche getrieben, indem er ihnen Menschenwürde und Kirchenrechte absprach.

Noch immer turnen ausschließlich ältere Männer in »Frauenkleidern« in den Gremien der katholischen Weltkirche herum. Dabei ist es so sicher wie das Amen in der Kirche, dass schon bald eine Päpstin gewählt werden wird. Eine Zeit lang kann das Patriarchat gegen Naturgesetze verstoßen – aber nicht auf Dauer. Allerdings gibt es in der katholischen Kirche den Zölibat erst seit etwa tausend Jahren. Im Gespräch mit Sergio Rubin und Francesca Ambrogetti, nachzulesen im Buch »Papst Franziskus. Mein Leben, mein Weg«, erzählt Papst Franziskus diesen Joke: Zwei Priester unterhalten sich. Fragt der eine: »Wird ein neues Konzil den Pflichtzölibat aufheben?« Die Antwort des anderen: »Ich meine ja.« Daraufhin der erste: »Wir werden das nicht mehr erleben, aber unsere Kinder mit Sicherheit.« Wenn schon der Papst sich lustig macht über den Zölibat!

Jesus sprach von der Geschwisterlichkeit und Liebe *aller* Menschen. Frauen, die sich von Jesus verstanden und befreit fühlen, werden von seinen Nachfolgern missverstanden und ausgegrenzt. Vom frauenfeindlichen Paulus stammen die Sprüche: »Der Mann ist das Haupt der Frau«, »Der Mann wurde nicht für die Frau geschaffen, aber die Frau für den Mann«, »Der Mann stammt nicht von der Frau, sondern die Frau vom Mann« (1 Kor). Diese Haltung prägt das Christentum noch immer viel mehr als der frauenfreundliche Jesus.

Jesus hat Männer ermahnt und oft beschimpft: Heuchler, Schlangenbrut, Natterngezücht. Von Frauen hat er gelernt. Jesus in der Schule von Frauen: Schon seine Jünger haben das nicht verstanden und die Redakteure der Evangelien erst recht nicht. Erst in der Rückübersetzung ins Aramäische schimmert Jesus der Frauenfreund wieder durch. Wie oben im Jesuswort aufgezeigt, muss die Kirche wieder »zusammenpaaren«, was nun über 2 000 Jahre widernatürlich auseinandergerissen wurde.

Inmitten einer frauenfeindlichen Umgebung zeigte Jesus eine völlig neue und eindeutig partnerschaftliche Haltung gegenüber Frauen. Weder Buddha noch Mohammed, weder Aristoteles noch Plato begegneten Frauen so ressentimentfrei und spontan selbstverständlich wie Jesus. Weil er das Weibliche in sich entwickelt und integriert hatte, brauchte er das unterdrückte Weibliche in sich nicht auf Frauen um sich herum zu projizieren.

Die Sehnsucht nach lebenslanger und bedingungsloser Treue, die mit reiner Liebe verschwistert ist, bleibt. Liebe bleibt für immer mehr als ein Gefühl. Sie ist eine Entscheidung des Herzens und des Willens. In frauenfeindlicher Tradition werden auch die heutigen Kirchen überwiegend von Männern geführt, aber von Frauen getragen. Ohne die Frauen in den Kirchen gäbe es schon lange keine Volkskirchen mehr. Jesus hat aber kein männliches Christentum gepredigt, sondern ein menschliches.

Nirgendwo ist die Kluft zwischen kirchlicher Lehre und dem wirklichen Leben so tief wie beim Thema Sexualität: ob es um Verhütung geht, um die Pille oder um Homosexualität. In der Renaissance hat der berühmte Borgia-Papst seinen Sohn zum Kardinal geweiht. Auch im heutigen katholischen Klerus – das weiß man inzwischen – halten sich nicht alle an die katholischen Regeln. Schon der alte Kirchenvater Augustinus erinnert sich in seinen »Bekenntnissen« daran, dass er als junger Mann Gott gebeten hatte: »Gib mir Keuschheit und Enthaltsamkeit, doch nicht sogleich.«

Wie wäre es denn, wenn sich die Kirchen beim Durcharbeiten ihres Verdrängten einfach an der gelassenen Haltung ihres Meisters orientieren würden? Nur dann können sie sich von der Sklaverei ihrer eigenen Ideologie befreien. Es ist sicherlich kein Zufall, dass das oben zitierte, hilfreiche Jesuswort über die Sexualität nicht in die kanonischen Evangelien aufgenommen wurde. Wahrscheinlich war es den Evangelien-Schreibern zu riskant. Mit der Einstellung Jesu zu diesem zentralen menschlichen Thema müssten die Kirchen viel Macht über ihre »Gläubigen« aufgeben. »Du sollst dich nicht vor deiner Geschlechtlichkeit fürchten.« Aber was die Kirchen jahrhundertelang dazu lehrten, war zum Fürchten. Dabei kann nur eine Liebe, die *alle* Sinne fordert und fördert, auch zum Gottesdienst werden. Schließlich wurden uns diese Sinne vom Schöpfer geschenkt. Warum sollten wir sie dann nicht in seinem gottgewollten Sinn gebrauchen?

Zur Liebe gehört die Erotik, das Wechselspiel zwischen den Liebenden, die Kommunikation mit Blicken, Worten und Berührungen, den geliebten Menschen schmecken und küssen, berühren und fühlen zu dürfen – ja, den geliebten Menschen so intensiv wahrzunehmen, dass er oder sie sich neu kreiert. So wird auch die körperliche Liebe zu einem Akt der Schöpfung.

Ich nenne Jesus den ersten neuen Mann, weil er beispielhaft das Weibliche in sich nicht verdrängt und unterdrückt, sondern entwickelt und integriert hat. Als Mann des rationalen Gefühls ist Jesus das leuchtende Beispiel für emanzipierte Frauen, erwachsene Männer und suchende Jugendliche. Deshalb waren Frauen vor 2 000 Jahren »verrückt« nach diesem Mann. Jesus ist der Traum von einem Mann.

Jesus war ein »Anima-integrierter« Mann, schreibt Hanna Wolff. Ein Mann wird ein »neuer« Mann, wenn er seine weiblichen Seelenanteile entdeckt und lebt. Und eine Frau wird eine Persönlichkeit, wenn sie ihre männlichen Seelenanteile, ihren Animus, entdeckt und integriert. Das tat Jesus. Und deshalb war und ist er ein heilsamer Heiler, *das* Modell menschlichen Lebens für alle Menschen. Was Jesus nach 2 000 Jahren heute so faszinierend macht, hat der indische Philosoph und Reformer Keshab Candra Sen schon im 19. Jahrhundert erkannt: »Was war Christus anders als die Vereinigung männlicher und weiblicher Vollkommenheit?« Und er fügte hinzu: »Der Christus aber, der, von einer Frau geboren, selbst eine Frau im Manne ist, wartet noch darauf, erkannt zu werden.« Zu dieser Erkenntnis hat Hanna Wolff vor 30 Jahren in ihren Jesus-Büchern einen wesentlichen Beitrag geleistet. Entscheidend ist also nicht, ob Jesus vor 2 000 Jahren ein Mann oder eine Frau war, entscheidend ist vielmehr, dass er als erster prominenter Mann der Weltgeschichte männliche und weibliche Charakterzüge zeigte, also ganzheitlich lebte. Das hätte auch eine Frau sein können. Jesu absolut neue Haltung gegenüber Frauen inmitten einer frauenfeindlichen, männerorientierten und männerdominierten Welt in der Antike zeigt am deutlichsten den »neuen Mann« Jesus und macht ihn einmalig. Das zeigen uns auch die weiteren Worte Jesu.

44. Jesus und die Kinderschänder

»Jemand, der ein einziges Kind schändet –
Er hat einen Mühlstein an seinem Hals!«

(Mt 18,6 / Mk 9,42 / Lk 17,2 RÜ)

»Hütet euch!
Ihr sollt keine Kinder schänden!
Amen! Amen! – Ich soll euch sagen:
Ihre Engel haben
zu jeder Zeit
Zutritt zu Abba.«

(Mt 18,10 RÜ)

Welch ein Unterschied zu diesen aus dem Aramäischen übersetzten Worten und denen, die wir im Religionsunterricht bei den ersten drei Evangelisten gelernt haben! In der griechischen Übersetzung fordert Jesus geradezu zur Inquisition auf. Soll sich Jesus tatsächlich für die Todesstrafe ausgesprochen haben? Bei Matthäus 18,6 in der Einheitsübersetzung lesen wir: »Wer einen von diesen Kleinen, die an mich glauben, zum Bösen verführt, für den wäre es besser, wenn er mit einem Mühlstein um den Hals im tiefen Meer versenkt würde.« Kann der liebevolle und barmherzige Jesus so etwas Brutales gesagt haben?

Jesus wird über dieses Thema wohl zu Menschen gesprochen haben, denen zuzutrauen war, dass sie Kinder sexuell missbrauchen. Ein uraltes Thema bis heute. Aber der Text, der dazu in allen Bibeln der Welt steht, muss jeden Humanisten empören. Denn auch bei sexuellem Missbrauch und bei Pädophilie gilt Jesu Grundsatzprogramm: Hilfe statt Verurteilung.

An diesem Beispiel wird der fundamentale Unterschied zwischen den klassischen Jesus-Texten und dem »aramäischen« Jesus besonders deutlich.

Jesus ist die Liebe in Person, jemand, dessen Wille es ist, dass kein Einziger verloren geht – auch kein Kinderschänder, jemand, der gesagt hat: »Erbarmt euch derer, die euch anfeinden. Tut Gutes denen, die euch hassen.« Er hat niemandem einen »Mühlstein um den Hals« gewünscht. Jesus war kein Sadist. Er hat aber deutlich davor gewarnt, sich diesen »Mühlstein« selbst um den Hals zu hängen. Das ist eine völlig andere ethische Intention. Wer Kinder schändet, muss mit schwerwiegenden Folgen rechnen, spätestens in der geistigen Welt. Das ist Jesu eindeutige Position. Zur Verdeutlichung das nächste Jesuswort.

45. Alles kommt ans Licht!

»Es gibt nichts Verborgenes –
Das nicht entdeckt werden wird!
Und es gibt nichts Geheimes,
das nicht bekannt werden wird.«

(Mk 4,22 / Mt 10,26 / Lk 12,2 RÜ)

Nach Jesus gibt es also im Himmel totale Transparenz. Jesus wollte uns alle warnen, uns etwas vorzumachen, uns selbst zu belügen. In der materiellen Welt gilt diese Prophezeiung nicht. Manches Geheimnis nehmen wir mit ins Grab. Aber Jesus meint die volle Transparenz in der geistigen Welt, in der wir nach unserem Sterben leben werden. Gottes Richterengeln können wir nichts vormachen. Sie werden im Auftrag Gottes über die Summe unseres Lebens gerecht urteilen. Wahrscheinlich werden sie mehr über uns wissen als wir selbst, schon deshalb, weil uns vieles unangenehm sein wird und wir uns an vieles nicht mehr erinnern wollen oder können.

Im Zeitalter der modernen Technologie können wir uns so eine Lebens-Abrechnung vielleicht eher vorstellen, als das bei früheren Generationen der Fall war. Vielleicht haben Engel ein Gedächtnis wie Computer, in denen alles aufgezeichnet und gespeichert ist. Leugnen wird zwecklos sein. Wir können nur auf grundsätzlich gerechte Richter in der geistigen Welt hoffen. Jesus hat sie uns angekündigt.

Nie hat uns ein Mensch die geistige Welt so erschließen können wie dieser junge Mann aus Nazareth mit seinen ganz konkreten Erinnerungen an die Welt seines Abba. Nie hat uns jemand so überzeugend solche Hoffnungen vermitteln können. Und nie hat uns jemand so hilfreich zur Liebe ermuntern können. Deshalb ist Jesus der *einzigartigste* Mensch, der je auf diesem Planeten gelebt hat.

46. Wohl dem! – Wehe dem!

»Das Gute wird kommen.
Und wohl dem,
durch den es kommen wird!
Auch das Böse wird kommen.
Aber wehe dem,
durch den es kommen wird.«

(Homiliae Clementinis XII, 29 RÜ)

Jesus war ein Realist, kein sauertöpfischer Pessimist und kein blauäugiger Optimist. Er vertraute auf das Gute und wusste um das Böse in uns Menschen. Er kannte seinen Vater und vertraute dessen Gerechtigkeitssinn. Deshalb lehrte er: »Ihr könnt nur ernten, was ihr sät.« Buddha nennt dieses Gerechtigkeitsgesetz bzw. dieses geistige Gesetz von Tat und Tatfolge »Karma«. Das heißt zum Beispiel: Wer Atomkraftwerke baut, wird Atomunfälle ernten. Wer Kohlekraftwerke baut, wird den Klimawandel ernten. Wer große Autos fährt, produziert den Treibhauseffekt übermäßig. Und wer den Treibhauseffekt produziert, sollte sich über Klimaflüchtlinge nicht wundern. Guten Menschen prophezeit Jesus: »Wohl dem!« Bösen Menschen aber genauso eindeutig: »Wehe dem!« Wir bekommen alles zurück, was wir anstellen – ein geistiges Naturgesetz. Das gilt auch im Positiven.

47. Verführungen werden kommen

»Wehe der Welt wegen der Verführungen!
Es ist unmöglich,
dass sie nicht kommen werden.
Aber wehe den Menschen,
durch die sie kommen werden.«

(Mt 18,7 / Lk 17,1 RÜ)

Hier sagt Jesus nicht »Wehe den Menschen!«, sondern »Wehe der Welt!«. Er hat wohl vorausgesehen, was die schrankenlose Gier nach Geld und Macht mit uns anstellen wird: Kriege, Naturzerstörung, schreiende Ungerechtigkeiten, Hochmut, Verführungen jeglicher Art, im Privatleben, in der Gesellschaft, im Beruf, in der Politik, und viel menschliches Leid. Wir haben heute gleich mehrfach die Möglichkeit, die ganze »Welt« umzubringen, zum Beispiel durch den Klimawandel oder atomare Waffen. Der Teufel in uns bleibt immer aktiv.

Und was wäre die Heilung? Die Himmelsherrschaft ist das Ziel der Weltgeschichte und der Einlass ins Königreich Gottes. Aber wen interessiert das schon? Die Mehrheit der Menschen tut zwar so, als wüsste sie das, aber sie lebt (noch) nicht danach. Das ändert aber nichts an der Tatsache, dass Jesus recht hat, und nicht etwa die heutige Mehrheit der Menschen in ihrer spirituellen Gleichgültigkeit oder Verblendung. Der Umkehrprozess wird sich nicht über rasche äußere Umwälzungen organisieren lassen, sondern nur langsam und von innen. Zeit wird dabei keine Rolle spielen. Auch hier gilt das geistige Gesetz von Tat und Tatfolge.

48. Menschen können keine Sünden vergeben

»Amen! Amen! – Ich soll euch sagen:
Wenn ihr den Menschen ihre Sünden vergeben habt,
so kann Abba auch eure Sünden vergeben lassen.
Wenn ihr den Menschen ihre Sünden nicht vergeben habt,
kann Abba auch eure Sünden nicht vergeben lassen.«

(Joh 20,23 / Mt 6,14.15 / Mk 11,25 RÜ)

Nicht lange, nachdem wir gestorben sind, so Jesus, werden die Richterengel im Namen Gottes ihr Urteil über uns fällen. In Sachen Vergebung ist allein dies wichtig: Wer in seinem irdischen Leben anderen vergeben hat, dem wird auch im Himmel vergeben. Wer anderen nicht vergeben hat, dem kann auch nicht vergeben werden. Und dies gilt für *alle* Menschen, nicht nur für Priester, wie im griechischen Text unterstellt wird. Auch hier gilt wie im gesamten Neuen Testament die »Wenn-dann-Regel«. Das heißt wiederum, dass alles von uns abhängt, nicht von Priestern. Wir sind selbst verantwortlich. Jesus lehrte uns die Wunder, die wir selbst vollbringen können.

In der griechischen Übersetzung steht bei Johannes 20,23 wieder einmal das Gegenteil: »Wem ihr die Sünden vergebt, dem sind sie vergeben; wem ihr die Vergebung verweigert, dem ist sie verweigert.«

Der aramäische Jesus sagt: »Wenn ihr ...« und griechisch »Wem ihr ...« Das eine ist das Gegenteil des anderen. Nur mit dieser Textfälschung ist die ganze Institution Beichte und ist die klerikale Magie der Sündenvergebung aufrechtzuerhalten. So gewinnt der Klerus Macht über seine »Gläubigen«. Eine wirklich teuflische Fälschung. Denn diese Macht schüchtert ein und macht Angst und Millionen Katholiken haben beim Beichten ein schlechtes Gewissen. Das ist wohl auch der Sinn der Fälschung. In den Augen Jesu ist die Beichtpraxis der katholischen Kirche eher eine lächerliche Komödie. Niemand kann Sünden vergeben als Gott allein.

Die Macht, Sünden zu vergeben, ist keine diesseitige, sondern eine jenseitige. Dort gilt göttliches und nicht kirchliches Recht. Im gesamten aramäischen Neuen Testament ist nicht an einer einzigen Stelle davon die Rede, dass Priester anderen ihre Sünden durch einen magischen Spruch erlassen können.

49. Jesus mahnt zur Bescheidenheit

»Wenn du Wohltätigkeit üben willst,
sollst du nicht sein wie die Heuchler,
die die Posaune blasen lassen vor sich her,
damit sie gesehen werden von den Menschen!

Ich sage dir:
Sie haben ihre Belohnung empfangen.
Du aber, sooft du Wohltätigkeit übst,
soll deine Linke nicht wissen,
was deine Rechte tut,
damit deine Wohltätigkeit heimlich sei!
Und Abba, der dich sieht –
Heimlich wird er dir vergelten.

Und wenn du ein Fasten halten willst,
sollst du nicht sein wie die Heuchler,
die Asche auf ihre Köpfe streuen,
damit sie gesehen werden von den Menschen!

Ich sage dir:
Sie haben ihre Belohnung empfangen.
Du aber, sooft du dein Fasten hältst,
sollst du dein Gesicht waschen
und sollst deinen Kopf salben,
damit dein Fasten heimlich sei!
Und Abba, der dich sieht,
heimlich wird er dir vergelten.

(Mt 6,2-4; 16-18 RÜ)

Sage niemand, diese Bergpredigtaussagen seien nicht zeitgemäß: Tut Gutes um des Guten willen. Was andere Leute sagen, ist überhaupt nicht wichtig. Tut Gutes, aber inszeniert es nicht vor den Augen der anderen. Gutes tun ist das Gegenteil von Narzissmus. Seid absichtslos gut.

50. Empört euch!

»Verleiht kein Geld auf Zinsen.«

(Lk 6,35 RÜ)

In den »Heiligen Schriften« aller drei monotheistischen Religionen ist die Erhebung von Zinsen verboten, was vor allem im »christlichen Abendland« kaum jemand weiß. Es wird weder in Predigten noch im Religionsunterricht gelehrt. In der aramäischen Rückübersetzung der Worte Jesu ist dies Verbot noch deutlicher formuliert als in den herkömmlichen Übersetzungen aus dem Griechischen. Siehe oben der Klartext Jesu.

Im Januar 2016 publiziert die Entwicklungsorganisation Oxfam einen Bericht, wonach die 62 reichsten Menschen der Welt über so viel Geld verfügen wie die gesamte ärmere Hälfte der Weltbevölkerung, also circa 3,7 Milliarden Menschen. Wo blieb und bleibt der Aufschrei über diese unglaubliche Meldung? Noch mehr als diese Meldung schockiert, dass danach keine Grundsatzdiskussion über unser Wirtschaftssystem zustande kommt. Allein der Papst spricht über diesen Skandal aller gegenwärtigen Skandale noch Klartext: »Diese Wirtschaft tötet.« In Deutschland sagt und schreibt es immerhin Sarah Wagenknecht.

Die Zahlen im Einzelnen: Das Gesamtvermögen dieser armen Hälfte der globalen Bevölkerung verringerte sich in den letzten fünf Jahren (2010 bis 2015) um eine Billion US-Dollar, also um tausend Milliarden oder um 41 Prozent. Gleichzeitig wuchs das Vermögen der Superreichen um mehr als eine Billion Dollar. Die Schere geht also zugunsten der Reichen immer weiter auseinander.

Zwei Hauptgründe für diese Entwicklung. Erstens: Neun von zehn Großkonzernen haben Niederlassungen in Steueroasen und entziehen allein dadurch den armen Ländern pro Jahr etwa 100 Milliarden Dollar an Steuereinnahmen. Der zweite Grund: Die Entwicklungsgelder, die arme Länder von den reichen Staaten bekommen, sind nur ein Drittel von dem wert, was die armen an die reichen Staaten durch Zins und Tilgung langfristig zurückzahlen müssen. Das heißt: Die Armen finanzieren zum Teil noch unseren Reichtum.

Eine solche zerstörerische Wirtschaftsordnung produziert natürlich massenhaft Flüchtlingsströme von Süd nach Nord oder von Arm zu Reich. Die globale Klimaveränderung, die zu weiteren Flüchtlingsbewegungen führen wird, ist nicht von den armen Ländern, sondern von den reichen Industriestaaten verursacht, aber die armen Menschen sind zuerst und hauptsächlich betroffen. Schon heute irren 18 Millionen Klimaflüchtlinge über den afrikanischen Kontinent. Aber was hat dies alles mit dem Zins zu tun?

Es ist das System des Zinses und Zinseszinses, das ganz zentral für den größer werdenden Abstand zwischen Arm und Reich verantwortlich ist. Das heutige System treibt die Ärmsten auch noch in die Schuldenfalle, aus der sie sich niemals wieder werden befreien können. Dies Zinssystem macht das eine reichste Prozent reich, wie Oxfam berichtet: Nur etwa 10 Prozent der Menschheit profitiert vom Zins und Zinseszins, aber etwa 90 Prozent werden genau damit ausgebeutet. Zins bedeutet, dass reiche Menschen ohne Arbeit immer reicher werden. Das Geld »arbeitet« für sie, obwohl jeder weiß, dass nur Menschen und Maschinen, aber nicht Geld arbeiten kann. Dies System hat Jesus schon vor 2 000 Jahren klar durchschaut und deshalb ein Geldsystem ohne Zins vorgeschlagen. Dieser Vorschlag war wohl nie so dringlich und aktuell wie heute.

»Es geht auch anders«, sagte die Professorin und Geld-Forscherin Magrit Kennedy, die sich beinahe 30 Jahre mit alternativen Geldsystemen beschäftigte. »Mit mehr Geldvielfalt, zum Beispiel mit Zeitbanken, die auf der Verrechnung von Arbeitsstunden basieren, Regionalwährungen, die regionale Wirtschaftskreisläufe fördern, und komplementären Währungen, die den Euro ergänzen und die in erster Linie sozialen, wirtschaftlichen und ökologischen Zwecken dienen.« Das Problem ist, dass diese gut gemeinten Vorschläge viel zu wenig erprobt sind – schon gar nicht in großem Stil. Wenn die Menschen heute das herrschende Geldsystem durchschauen würden, hätten wir morgen früh die größte Revolution aller Zeiten.

Das Weltwirtschaftsforum 2016 in Davos: Dort standen die mächtigsten Vertreter des herrschenden Systems aus Politik und Wirtschaft Schlange, wenn es in den Foren um die weitere mögliche rasche Geldvermehrung ging. Sie haben dort viel, klug und ausgiebig geredet und manches auch beklagt, aber nichts wirklich in Frage gestellt. Bei der Oxfam-Veranstaltung, wo der oben zitierte Bericht mit den 62 Superreichen vorgestellt wurde, waren 15 Teilnehmer von den 2 500 an der Gesamtveranstaltung in Davos anwesend. Keine gute Voraussetzung für eine bessere Welt, die dort in den Schweizer Bergen seit Jahrzehnten propagiert, aber nicht wirklich gewollt wird.

51. Entscheidet euch: Gott oder Geld?

»Es ist unmöglich, dass ein Mensch zwei Bogen spannt!
Es ist unmöglich, dass ein Sklave zwei Herren dient!
Es ist unmöglich, dass ihr Gott und dem Geld dient!«

(Th 47 / Lk 16,13 / Mt 6,24 kombiniert RÜ)

Jesus wusste um die dämonische Macht des Geldes. Geld kann Menschen versklaven und entmenschlichen. Jesus wusste, dass Geldgier oft in Kombination mit Machtgier auftritt.

Die christliche Soziallehre rechtfertigt Eigentum als »Frucht der Arbeit«. Eigentum, das nicht in Arbeit seinen Ursprung hat, stand immer unter dem Verdacht, gestohlen zu sein, wurde allenfalls als »Besitzergreifung herrenlosen Gutes« verstanden. Das Geld soll den Menschen dienen, nicht der Mensch dem Geld. Aber unser heutiges Geldsystem sorgt über den Zins für eine massive Umverteilung von unten nach oben.

In Deutschland verfügen die reichen 10 Prozent der Haushalte über 52 Prozent des Nettovermögens, aber die 50 Prozent der armen Haushalte nur über ein Prozent. Wenn die Ungleichheit ein gewisses Maß überschreitet, geht sie über in die Unfreiheit.

Eine Vermögenssteuer könnte Abhilfe schaffen, sie ist politisch und ethisch geboten und praktisch machbar. Im internationalen Vergleich hat Deutschland eine niedrige Steuer auf Vermögen. Ein durchschnittlicher deutscher Haushalt hat ein Vermögen von 50 000 Euro. Das reichste Tausendstel der Haushalte hat jedoch im Schnitt 35 Millionen Euro – 17 500-mal so viel. »Eigentum verpflichtet«, heißt es im Grundgesetz.

Josef Pulitzer, jener US-amerikanische Publizist, nach dem der Preis benannt ist, der als die höchste journalistische Auszeichnung gilt, sagte mit Blick auf das Geld-System in den Vereinigten Staaten, das zur Ersatzreligion verkommen ist: »Was demoralisiert unser öffentliches Leben? Natürlich die Korruption. Und was ruft die Korruption hervor? Natürlich die Geldgier. Und wer liefert der Geldgier die größten Versuchungen? Die großen Wirtschaftsunternehmen, Geld ist die große Macht. Männer verkaufen ihre Seele fürs Geld, Frauen ihren Körper, andere beten das Geld an.«

Mark Twain, der amerikanische Spötter, hatte schon vor 60 Jahren das amerikanische Glaubensbekenntnis so formuliert:

»Was ist das Ziel des menschlichen Lebens? Reich zu werden. Wie? Unehrlich, wenn wir können; ehrlich, wenn wir müssen. Wer ist der einzige und wahre Gott? Geld ist Gott. Gold, Dollar und Aktien – Vater, Sohn und Heiliger Geist.«

Wahrscheinlich sind die Gottvergessenheit und die Ego-Versessenheit die größten Krankheiten unserer Zeit.

Die Geld- und Gewinngier wurde immer maßloser, als der Neoliberalismus an den Schaltstellen der Macht saß und die Globalisierung sich nach 1990 ausbreiten konnte. Die Orgien der Spekulationssucht vermochte kein Politiker aufzuhalten, bis im Herbst 2008 auf den Schlachtfeldern des Kapitals und der Profitinteressen massenhaft Tote und Verwundete herumlagen. Alle wussten zwar, dass Geld die Welt regiert, aber kaum einer fragte: Wer regiert eigentlich das Geld? Und niemandem fiel auf, dass in dem Wort »re- Gier-t« die Gier steckt.

Der Neoliberalismus regiert noch immer. Die Politik ist bisher zu machtlos und zu feige, um wenigstens eine bescheidene Finanztransaktionssteuer auf Spekulationsgewinne durchzusetzen. Der real existierende Kapitalismus ist gegenwartsversessen und zukunftsvergessen. Kurzfristige Gewinne sind wichtiger als langfristiges, nachhaltiges Wirtschaften. Norbert Blüm schreibt in seinem Buch »Aufschrei«: »99,6 Prozent der Dollarbillionen, welche den Erdball umkreisen, haben mit Gütern und Dienstleistungen, die Werte schöpfen, nichts zu tun. Sie sind reine Finanzfiktionen.« Er nennt die heutige Wirtschaft zu Recht eine »Hochstapler-Ökonomie«, ein »System planvollen Betrugs«.

Wie hilfreich ist in dieser Situation Jesu radikale Frage: Geld oder Gott? Die von geldgierigen Zockern und größenwahnsinnigen Bankern verursachte Weltwirtschaftskrise hat dazu geführt, dass Länder wie Griechenland eine Jugendarbeitslosigkeit von beinahe 60 Prozent haben – selbst Frankreich 25 Prozent. Es ist Europas Tragödie und Schande, dass wir zur Rettung der Banken in Windeseile hunderte Milliarden Euro auftreiben konnten, aber zur Bekämpfung der Jugendarbeitslosigkeit gerade mal ein Dutzend. Hier tickt eine politische Zeitbombe für unser demokratisches System. Auch deshalb erstarken die Rechtspopulisten in ganz Europa.

52. Seid keine Heuchler

> *»Wer unter euch ist –*
> *ohne Sünde?*
> *Er werfe zuerst*
> *einen Stein auf sie.«*
>
> (Joh 8,7 RÜ)

Was Gier und Geldsucht mit uns Menschen anstellen kann, zeigt exemplarisch die Geschichte des Sportmanagers Uli Hoeneß. Auch ein talentierter und intelligenter Geschäftsmann wie er – gesegnet mit außergewöhnlichen Vorzügen – war der menschlichen Sucht eines Zockers verfallen. Geld war ihm zum Selbstzweck geworden, zum Götzen, was auf eine Form innerer Einsamkeit schließen lässt. Jesus auch hier: »Wer unter euch ist – ohne Sünde? Er werfe zuerst einen Stein auf sie.« In der Geschichte, die das Johannes-Evangelium dazu erzählt, handelt es sich um »Pharisäer und Schriftgelehrte«, die eine Frau beim Ehebruch »ertappt« und Jesus gefragt hatten: »Was sagst du dazu?« Schließlich stand darauf nach den alten Gesetzen des Moses die Strafe: steinigen! Vom dazugehörigen Mann ist natürlich nicht die Rede – zu einem Ehebruch gehören schließlich zwei. Also fragten die Herren: »Sollen wir sie steinigen?« Grandios und souverän ist Jesu Reaktion: »Wer ohne Sünde ist ...« Nachdem sich die Pharisäer schweigend und verlegen davongeschlichen hatten und Jesus mit der »Sünderin« allein war, sagte er den starken Satz: »Auch ich verurteile dich nicht. Geh!

Sündige nicht mehr – von jetzt an.« Jesus hat nie verurteilt, aber auch nicht verharmlost, sondern an das eigene Gewissen appelliert. So hat auch Uli Hoeneß eine zweite Chance verdient.

53. Schätze auf der Erde oder Schätze im Himmel?

»Hört auf, euch Schätze zu sammeln auf der Erde,
wo Kleidermotte und Holzwurm zerfressen können
und wo Räuber und Einbrecher rauben können!
Fangt an, euch Schätze zu sammeln in den Himmeln,
wo Kleidermotte und Holzwurm nicht zerfressen können
und wo Räuber und Einbrecher nicht rauben können!
Wo dein Schatz ist, da wird auch dein Herz sein!«

(Mt 6,19-21 RÜ)

Radikal verlangt der junge Mann aus Nazareth, sich wirklich zu entscheiden: Gott oder Geld – eins von beiden – entweder oder!

Beim Thema Geld konnte der gütige Jesus sogar sehr zornig werden. In Johannes 2, 13-16 wird eine der großen Geschichten der Bibel erzählt: die Tempelreinigung. Alle vier Evangelisten erzählen diese Story. Sie war ihnen wichtig. Im Vorhof des Tempels in Jerusalem erblickt Jesus Händler, die Schafe, Tauben und Rinder als Opfertiere verkaufen, sowie Geldwechsler, die den Gläubigen ihr Geld aus der Tasche ziehen. Jesus macht aus Stricken eine Geißel und treibt die Händler und Geldwechsler aus dem Tempel mitsamt ihren Tieren. Er kippt ihre Tische um und ruft den Taubenhändlern zu: »Nehmt das weg hier. Ihr macht das Haus Abbas zu einem Kaufhaus.« (RÜ) Und: »Er erlaubte es niemandem, eine Waffe durch den Tempelhof zu tragen.« (Mk 11,16 RÜ) Heiliger

Zorn überkommt ihn, als er sieht, welch primitives Gottesbild die Theologen seiner Zeit haben. Es geht ihm dabei nicht in erster Linie um die kleinen Geldwechsler, sondern um das ganze Finanzsystem, das schon damals wenige reich, aber viele arm gemacht hat. Kurz darauf wird er festgenommen.

Beim Thema Geld hörte der Spaß nämlich schon immer auf. Mit der Vertreibung der Wechsler und Händler aus dem Tempel greift Jesus in die materielle Existenz der jüdischen Priesterhierarchie ein – so wie es Papst Franziskus tat, als er die Gehälter im Vatikan drastisch kürzte und große Dienstwagen durch kleine ersetzen ließ. Welche Konsequenzen das wohl haben wird? Jedenfalls hatte Jesus mit seiner Abwehr der Händler sein eigenes Todesurteil gesprochen. Nach diesem Vorfall beschlossen sie, »Jesus umzubringen«. (Mk 11,18) Wir können diesem Papst nur ein langes Leben wünschen.

Viele Theologen tun sich schwer mit einem so zornigen Jesus. Er passt ihnen nicht zum scheinbar sanften Jesus der Bergpredigt und schon gar nicht zum putzigen unserer Weihnachtskrippen.

54. Das Kapital ruiniert die Wirtschaft

»Hütet euch vor der Habgier!
Denn Leben wird den Menschen nicht zuteil,
weil sie viele Güter haben.«

(Lk 12,15 RÜ)

Der Zins-Kapitalismus sowie der Finanz-Kapitalismus, die nicht auf Arbeit und ökonomischer Wertschöpfung beruhen, sondern auf irrwitziger Spekulation, sind ein satanisches System.

Zins und Zinseszins führen zu ewigem Wachstumszwang. Dort, wo wir niemals unendlich wachsen können – im materiellen Bereich –, wird von allen 200 Regierungen dieser Welt ausnahmslos »Wachstum« propagiert. Doch dort, wo wir tatsächlich wachsen könnten, im geistigen, kulturellen, spirituellen, seelischen Bereich, dort ist unsere Zeit unterbelichtet. Bhutan ist das einzige Land der Welt, in dessen Verfassung nicht ein »Bruttosozial-Produkt« propagiert wird, sondern ein »Glücks-Sozialprodukt«.

Die Umverteilung über Zins, so Margrit Kennedy, beträgt allein in Deutschland jeden Tag 600 Millionen Euro von den ärmeren 90 Prozent zu den reichen 10 Prozent. Nur deshalb sind sie so unermesslich reich. Diese automatische Geldvermehrung, nur vorübergehend durch eine Niedrigzinspolitik gebremst, bei den Reichen ist mit Demokratie und Rechtsstaatlichkeit nicht vereinbar. Wir wissen, dass Geld die Welt regiert. Eine zentrale Zukunftsfrage für eine gerechtere Welt heißt: Wer regiert das Geld?

Schon Mahatma Gandhi wusste, dass wir auf einem unendlich reichen Planeten leben. Und dass »es reicht für Jedermanns Bedürfnisse, aber nicht für Jedermanns Habgier«. Die UNO hat bereits vor 20 Jahren errechnet, dass auf unserer Erde 12 Milliarden Menschen ein gutes und angenehmes Leben führen können. Aber jedes Jahr lassen wir etwa 26 Millionen Menschen verhungern. Auch hier gilt: Wenn wir ehrlich sind, ermorden wir sie. Während sich die Reichen »dumm und dämlich« verdienen.

Aber: Irgendwann in der Zukunft, davon ist Jesus überzeugt, wird das Satanische von den Liebenden, den Barmherzigen und den Gottesfreunden überwunden sein, wenn wir im Geiste Jesu daran arbeiten und nicht länger das Geld anbeten. Jesus ohne Wenn und Aber: Gott oder Geld? Entweder – oder!

Habgier bringt nichts! In diesen wenigen Worten fasst Jesus zusammen, was ein zentrales Anliegen seiner gesamten Botschaft ist und in diesen Zeiten materieller Gier dramatische Aktualität besitzt: »Hütet euch vor der Habgier!«

Kein Mensch kann reich werden ohne Habgier. Rücksichtsloses Streben nach Gewinn macht aber nicht wirklich reich, sondern arm – es führt nicht zum Leben, sondern zum Un-Leben. Diese Warnung hat sich historisch allerdings als so sinnlos erwiesen, wie wenn man einen Wolf vor Blutgier warnen wollte. Was Jesus unter »Leben« versteht, ist freilich etwas anderes als das, was die meisten Menschen bis heute darunter verstehen. »Leben« bedeutet für ihn »ewiges Leben«, Einlass in die Himmelsherrschaft, der Weg vom Un-Leben zum wirklichen Leben. Doch die Armseligen, also die materiell Reichen, verstehen dieses geistige Leben als Hirngespinst. Aber nach ihrem physischen Tod wird auch ihnen klar werden, dass sie am wirklichen Leben vorbeigelebt haben. Sie werden dann Zeit genug finden, so zu reifen, dass auch sie ins wirkliche Leben eingelassen werden können.

55. Engagiert euch!

»Amen, amen, ich sage euch:
Wenn ihr nicht eure Mildtätigkeit
sehr überströmen lasst,
so werdet ihr nicht eingehen dürfen
in die Himmelsherrschaft.«

(Mt 5,20 RÜ)

Die Frage nach spirituellem Wachstum wird für viele wichtiger werden als die nach mehr ökonomischem Wachstum. Alles, was nach Jesus zählt, hat nichts mit unserem Einkommen zu tun, wohl aber mit unserem Zuvorkommen. Alles, was wirklich mit Gott zu tun hat, ist kostenlos wie der Sonnenschein oder der Regen, die Luft, das Wasser und der Wald. Auch wirkliche Religion kostet nichts – so wenig wie das Schmusen zweier Kätzchen oder das Spielen der Vögel vor unserem Fenster oder das Lächeln einer schönen Frau.

Gott ist unser eigentlicher Reichtum. »Nur Gott ist gut.« Das ist die jesuanische Einladung, unsere Unruhe und unsere Angst zu überwinden und unser unruhiges Herz zur Ruhe kommen zu lassen, bis es ruht in Gott.

Im Geiste Jesu engagieren sich heute überall auf der Welt Millionen Menschen und lassen »ihre Mildtätigkeit sehr überströmen«:

- Sie engagieren sich in der Flüchtlingshilfe,
- sie lernen, dass mehr Konsum nicht mehr Wohlstand und Lebensfreude bedeutet,
- sie diskutieren, wie die Macht der Großbanken einzuschränken sei,
- sie setzen sich für Tier- und Umweltschutz ein,
- sie versuchen, sich über Amnesty International für politische Gefangene einzusetzen,
- sie verstehen, dass mehr ökonomisches Wachstum mehr Stress und mehr Naturzerstörung bedeutet,
- sie wählen einen Arbeitsplatz, an dem sie sich weiterentwickeln können,
- sie entwickeln Konzepte, mit denen bis zum Jahr 2025 der Einsatz von Rohstoffen um den Faktor fünf oder zehn reduziert werden kann,
- sie machen Druck auf Regierungen, damit eine ökologische Steuerreform oder eine CO2-Steuer eingeführt wird,
- sie produzieren ihre eigene Energie, und nicht zuletzt:
- sie arbeiten an einer besseren Welt.

Diese Entwicklungen von unten auf der ganzen Welt, oft schon organisiert über das Internet, bedeuten zugleich, dass die meisten Dax-Konzerne in den nächsten Jahrzehnten kleiner oder verschwinden werden. Viele Mega-Geschäftsstrukturen haben ihre Zukunft bereits hinter sich. »Small« is the next big thing.

56. Seid vorsichtig! Seid aufrichtig!

»Seid vorsichtig wie Schlangen!
Seid aufrichtig wie Tauben!
Geht jetzt! –
Geht! Ich! – Ich sende euch –
Wie Lämmer unter die Wölfe!«

(Mt 10,16 RÜ)

Jesus, der große Tierkenner und kompetente Tierfreund! Vier Tiere in fünf Zeilen!

Er war selbst beides zugleich: vorsichtig und aufrichtig – und deshalb konnte er seinen Gegnern ständig entkommen – bis er selbst eine Entscheidung herbeiführte mit Hilfe seines Freundes Judas (siehe Kapitel 95).

Diese Strategie der Aufrichtigkeit und Vorsicht empfahl Jesus auch seinen Freunden. Als Realist wusste er: Mit der Botschaft der Liebe und Güte wirkten Menschen wie er wie »Lämmer unter Wölfen«. Jesu Hinweis ist eine Überlebensstrategie – damals und heute. Angela Merkel kann bei ihrer humanen Flüchtlingspolitik eine solche Jesus-Strategie gut gebrauchen, wenn sie mit Wölfen wie Horst Seehofer, Viktor Orban und den Pegida-Christen unserer Zeit zu tun hat.

57. Vertraut Gott!

»*Wenn* du *Gott vertrauen kannst,*
so kann er *etwas für dich tun.*«

(Mk 9,23 RÜ)

Nach der »Verklärung« auf dem Berg Tabor trifft Jesus eine Menschenmenge, die mit Schriftgelehrten streitet. Als die Leute Jesus sehen, begrüßen sie ihn. Aus der Menge heraus tritt ein Vater auf ihn zu und bittet Jesus, seinen Sohn zu heilen, der von »einem stummen Geist besessen« ist. Der Junge hatte epileptische Anfälle.

»Wenn du etwas kannst, so hilf mir«, bittet der Vater Jesus. Dessen Antwort: »Wenn DU Gott vertrauen kannst, so kann ER etwas für dich tun.« Vertrauen gegen Vertrauen! Das Grundgesetz der Lehre Jesu.

Jesus befiehlt dem Dämon: »Ich befehle dir: Geh hinaus aus ihm! Und geh nie wieder hinein in ihn!« Jesus kann den gesunden Jungen seinem Vater übergeben, aber erst nachdem dieser ihm versichert hat: »Herr! Ich will vertrauen! Nimm weg meinen Vertrauensmangel.« Jesus hat nie gesagt, dass *er* jemanden geheilt habe, sondern dass »dein Vertrauen« den Jungen geheilt hat.

Das Vertrauen in Gott, das mehr ist als bloßes Fürwahrhalten, sondern ein unerschütterliches Vertrauen in den uns liebenden Vater im Himmel, bringt uns Menschen in die innigste Verbindung mit unserer himmlischen Quelle geistiger Kraft und seelischer Energie. Ein solches Gottvertrauen mobilisiert nach Jesus auch die Geisterwelt Gottes. Das gilt für jeden Gottgläubigen. Deshalb konnte Jesus seinen Freunden auch die ungeheuerliche Zusage geben: »Alles, was ich kann, könnt auch ihr und noch mehr.«

58. Jesus und sein mütterlicher Vater

Autoritäten und Gesetze sind für Jesus allenfalls zweitrangig. Wichtiger ist das Gewissen, das Göttliche in uns und die spirituelle Freiheit, die über das Gesetz hinausreicht. Unsere Willensfreiheit und unsere Gewissensfreiheit sind bei Jesu Gott heilig. Als Zeichen dieser Freiheit zeigt uns Jesus ein neues, zumindest ein verändertes Gottesbild. Unüberbietbar schildert er uns die Gottesliebe in seinem Gleichnis vom verlorenen Sohn, das auch als Gleichnis der Liebe Gottes zu uns Menschen gelesen werden kann. Der geniale Geschichtenerzähler aus Nazareth schuf damit Weltliteratur. Eines Tages erzählt Jesus diese Geschichte, die wir bei Lukas 15,11-32 finden. In der Rückübersetzung (RÜ) lautet sie so:

»Ein Mann hatte zwei Söhne.
Der jüngere von ihnen sagte zu ihm:
›Vater! – Gib mir mein Erbteil.‹
Da teilte er unter ihnen seinen ganzen Besitz.
Nach nicht vielen Tagen
raffte der jüngere Sohn alles zusammen,
ging davon in ein fernes Land
und brachte dort sein ganzes Erbteil durch.
Als er alles, was er besaß, durchgebracht hatte,
entstand eine Hungersnot in jenem Land.
Da verdingte er sich an einen Bewohner jenes Landes,
der ihn auf seine Felder schickte, Schweine zu hüten.
Nun fing er an, Mangel zu leiden,
so dass er sehnlich begehrte, seinen Bauch zu füllen
mit den Johannisbrotschoten, die die Schweine fraßen,
aber niemand gab sie ihm.
Als er zur Einsicht gekommen war, da überlegte er:

Wie viele Tagelöhner im Haus meines Vaters
haben jetzt Brot im Überfluss!
Ich aber komme hier um vor Hunger.
Ich will zu meinem Vater gehen und zu ihm sagen:
›Vater! – Ich habe gesündigt vor Gott und vor dir.
Ich bin nicht wert, dein Sohn genannt zu werden.
Mach mich zu einem deiner Tagelöhner!‹
Dann stand er auf und ging zu seinem Vater.
Als er aber noch weit entfernt war,
sah ihn sein Vater, erbarmte sich seiner,
lief, fiel ihm um den Hals und küsste ihn.
Da sagte sein jüngerer Sohn zu ihm:
›Vater! – Ich habe gesündigt vor Gott und vor dir.
Ich bin nicht wert, dein Sohn genannt zu werden.
Mach mich zu einem deiner Tagelöhner!‹
Aber sein Vater befahl seinen Dienern: ›Schnell!
Holt das Festgewand, und zieht es ihm an!
Steckt ihm seinen Siegelring an die Hand!
Zieht ihm Sandalen an die Füße!
Holt das gemästete Kalb, und schlachtet es!
Lasst uns essen und fröhlich sein! Denn dieser mein Sohn:
Er war tot. Seht! – Er wurde wiederbelebt.
Er war verloren. Seht! – Er wurde wiedergefunden.‹«

Diese große Geschichte von der Liebe Gottes zu *allen* Menschen ist wohl das Herzstück des Evangeliums. *Alle* Menschen sind Berufene: die Gerechten und die Ungerechten, die Guten und die Bösen, die Dankbaren und die Undankbaren, die Eifersüchtigen und die Reumütigen, die Anerkannten und die Außenseiter, Sünder und Fromme. Gott lädt *alle* ein zu seinem großen Fest der Liebe. Die Einladung für alle gilt bedingungslos. Vergiss, was war, du bist willkommen. Alles ist gut! Alles wird gut! Vergiss alle Angst und komm zum Fest, zu dem der Vater einlädt. Das und nichts anderes ist Jesu Botschaft. Du bist genau so, wie Gott dich haben will. Aber: Du musst dich auf den Weg machen, völlig egal, ob als Schweinehirt oder als Banker, als Armer oder Reicher, als Dirne oder Hausfrau: Hauptsache, du suchst den Heimweg zum Abba. Ihr könnt lernen, auf das zu vertrauen, was ihr nicht seht. Und dieses Unsichtbare ist die Güte und Barmherzigkeit Gottes.

Was Jesus hier erzählt, ist exakt die Geschichte der meisten Menschen: zuerst ihre Abwendung von Gott und ihr Leben in der Gottferne, dann ihre Rückkehr zu Gott und ihr Einlass in die Gottesherrschaft – wenn auch erst nach vielen Wiedergeburten. So menschlich hatte noch nie jemand über Gott gesprochen, meinten Jesu überraschte und zweifelnde Zuhörer. Und dann erzählt dieser Mann der Extra-Klasse noch diese Geschichte von seinem und unserem Abba als dem guten Hirten.

59. Der gute Hirte und das verlorene Schaf

»Als Steuerpächter Jesus zuhörten,
nörgelten einige Pharisäer:
Dieser! – Er gibt sich mit Sündern ab!
Und er isst mit ihnen!
Da erzählte Jesus:
Welcher Mann unter euch,
der hundert Schafe hat
und eines von ihnen verliert,
wird nicht die neunundneunzig zurücklassen
und hingehen und das verlorene suchen,
bis er es gefunden hat?!
Und wenn er es gefunden hat –
wird er nicht seinen Freunden zurufen
und sagen: ›Freut euch mit mir!

Ich habe mein verlorenes Schaf wiedergefunden‹?!
Ich! – Ich sage euch:
Ebenso wird Gott sich freuen
über einen Sünder, der bereut hat,
mehr als über neunundneunzig Gerechte,
die keine Reue nötig haben.«

(Mt 18,12.13 / Lk 15,1-7 RÜ)

Starker Tobak für alle Selbstgerechten und Frommen – aber so ist Jesu neues Gottesbild! Die Summe seiner Gebote ist Liebe. Aus reiner Gesinnung! Aus gutem Gewissen! Aus festem Vertrauen! Bedingungslos! Wie eine Mutter zu ihrem Kind!

60. Wiedergeburt als Einlassbedingung ins Reich Gottes

»Amen! Amen! – Ich sage euch:
Wenn ihr nicht wiederholt
geboren werdet,
so könnt ihr nicht (wieder) eingelassen werden
in das Königtum Gottes.«

(Mt 18,3 / JuAp I 61.94 RÜ)

Über dieses Jesuswort hat Günther Schwarz viele Predigten und Vorträge gehalten. Es war ihm zentral wichtig. Kein Wunder, dass sich seine Kirche schwer mit ihm tat. Für den Pfarrer Schwarz war die Wiedergeburt Teil der Lehre Jesu. Aber für die christlichen Kirchen spielt dieser Aspekt und somit dieses Jesuswort keine Rolle. Wem vertrauen wir mehr: den Kirchen oder Jesus? Im griechischen Neuen Testament ist dieses Wort so übersetzt überliefert: »Amen, das sage ich euch: Wenn ihr nicht umkehrt und wie die Kinder werdet, könnt ihr nicht in das Himmelreich kommen.«

Auch an mehreren anderen Stellen der Evangelien spricht Jesus über die Wiedergeburt.

61. Jesus und die Wiedergeburt

»Amen, amen! Ich sage dir:
Wenn jemand nicht
wiederholt geboren wird,
so kann er nicht wieder eingelassen werden
in das Königtum Gottes.«

(Joh 3,3 RÜ)

Das steht so ähnlich auch im herkömmlich übersetzten Johannes-Evangelium: »Amen, amen, ich sage dir: Wenn jemand nicht von Neuem geboren wird, kann er in das Reich Gottes nicht eingehen.« Von Wiedergeburt ist also auch im griechischen Text im berühmten Nachtgespräch zwischen Jesus und Nikodemus die Rede. Das hindert Theologen jedoch nicht daran, mit aufwendigen Interpretationskünsten diese Tatsache zu leugnen.

Wiedergeburt heißt, dass es keinen Tod gibt, sondern Verwandlung, Reinkarnation und Erneuerung. Es gibt keinen Tod: Jesu ganz großes Thema! Damit ist die Wiedergeburt eine große Entwicklungschance, die wir Menschen haben, vielleicht sogar die größte. Die Lehre von der Wiedergeburt kann ein neues Geborgenheitsgefühl in unserem Innern heranwachsen lassen und die Angst vor dem Tod überwinden helfen. Dank dieser Erkenntnis von Reinkarnation können wir lernen, dass wir selbst die allererste und eigentliche Ursache unseres eigenen Schicksals sind. Wiedergeburt bedeutet, dass wir selbst für unser Leben verantwortlich sind. Es kann uns nach Jesu Meinung kein Priester oder Theologe unsere Fehler vergeben, an unseren Fehlern müssen wir schon selbst arbeiten. Kirchliche Sakramente sind magische Hilfsinstrumente, die uns kaum helfen. Sakramente können uns unsere Last nicht abnehmen, sie entmündigen uns eher. Sie können – so habe ich es selbst durch die Beichte erfahren – vielleicht lindern, aber nicht wirklich heilen. Daran müssen wir schon selbst arbeiten. Die Reinkarnation nimmt uns in die Pflicht. Diese Chance haben wir mehrfach.

Das Nachtgespräch zwischen Jesus und Nikodemus geht weiter. Zweifelnd fragt der alte und weise Nikodemus zurück: »Wie kann wiederholt geboren werden ein alter Mann? Kann er zurückkehren in den Leib seiner Mutter und abermals geboren werden?« Und Jesus bekräftigt:

»*Wundere dich nicht, dass ich dir sagte:*
Es ist nötig, dass du wiederholt geboren wirst!
Du, du bist ein Meister Israels!
Und du? Du weißt das nicht?
Ich! Ich sage dir:
Ich rede von dem, was ich weiß;
Und ich bezeuge das, was ich gesehen habe.«

(Joh 3,9-11 RÜ)

Jesu Meisterworte in ursprünglicher Frische. Dieses Wissen gibt Jesus nicht nur Nikodemus weiter, sondern das sagt er auch seinen Jüngern. Die Kirchen werden an ihren Sakramenten noch so lange festhalten, wie sie Jesu Lehre von der Wiedergeburt tabuisieren.

Jesus hatte es nicht nötig, an Gott zu glauben, denn er kannte ihn. So hatte er es auch nicht nötig, an die Wiedergeburt zu glauben, denn er wusste um sie. Er hatte es auch nicht nötig, bei Schriftgelehrten zu studieren, denn er stand in ständigem Kontakt zu seinem Abba.

Unser Leben ist vergleichbar mit einer Schule. Wir sind hier, um zu lernen. Entweder wir wollen lernen. Oder wir müssen leiden. Da ist Gott unnachsichtig, denn er will uns *alle* zurückhaben.

62. Jesus: Ich mache alles neu

»Und niemand füllt Most in alte Schläuche!
Denn der Most würde die Schläuche zersprengen,
und er selbst liefe aus.
Most füllt man in neue Schläuche.«

(Mt 9,17.18 RÜ)

Jesus führt ständig das Wort »neu« im Mund. Auch das hat die Traditionalisten seiner Zeit und aller Zeit verunsichert und ihnen Angst gemacht. Hanna Wolff: »Das Wort neu ist tatsächlich so bezeichnend für Jesus wie kaum ein anderes.« Noch das letzte Buch des Neuen Testaments, die Offenbarung, lässt ihn sagen: »Ich mache alles neu.« Er trat einer faulen Harmonisierung des alten und seines neuen Denkens entschieden entgegen. Sein neuer Inhalt verlangt »neue Schläuche«. Den christlichen Kirchen und den meisten Theologen fällt es sehr schwer, dies zu verstehen. Aber Jesus war nun mal kein Harmonisierer.

Seine Botschaft war und ist radikal neu. Es kann keine Harmonie zwischen dem Alten Testament und der neuen Botschaft Jesu geben. Er will die alte Opfer-, Schuld- und Bluttheologie, die in vielen frommen Seelen vorherrschte und bis heute vorherrscht, ein für alle Mal überwinden. Diese ist Ausdruck eines primitiven und rohen Männlichkeitswahns.

Hanna Wolff dazu: »Unter Verletzung aller Gefühls- und Wertfunktionen ist aus Gott ein unerträgliches Patriarchen-Ungeheuer geworden, das das Blut seines eigenen Sohnes opfern muss.«

Nur wenige Beispiele aus dem Alten Testament für diese oft bestrittene These: Im Buch Exodus steht im Vers 31,15 der unglaubliche Satz: »Jeder, der am Sabbat arbeitet, soll mit dem Tod bestraft werden.« Oder ein Ausschnitt aus dem Buch Levitikus (20, 10 und 13): »Ein Mann, der mit der Frau seines Nächsten die Ehe bricht, wird mit dem Tod bestraft, der Ehebrecher samt der Ehebrecherin ...« Oder ein Beispiel aus dem Buch Numeri (25, 3 und 4): »Da entbrannte der Zorn des Herrn gegen Israel, und der Herr sprach zu Mose: Nimm alle Anführer des Volkes, und spieße sie für den Herrn im Angesicht der Sonne auf Pfähle, damit sich der glühende Zorn des Herrn von Israel abwendet.«

Oder: »Nun bringt alle männlichen Kinder um und ebenso alle Frauen, die schon einen Mann erkannt und mit einem Mann geschlafen haben.« (Numeri 31, 17 und 18)

Im Alten Testament ist vom »Heiligen Krieg« die Rede (zum Beispiel bei Jeremia 51,28: »Bietet Völker zum Heiligen Krieg auf ...«) und vom »Krieg Gottes«.

Wie um Himmels willen soll eine solche »Gewalt-Theologie« je mit der Lehre Jesu harmonisiert werden, wie es bis heute noch in jeder Bibel-Ausgabe versucht wird?

Hanna Wolff: »Das Christentum ist bisher nie wirklich aus dem Schatten des Judentums herausgetreten. Das ist seine Schuld. Das ist seine Tragik, das ist sein Existenzproblem.« Und das ist der Grund, weshalb wir heute noch einmal neu mit Jesus anfangen müssen.

Das gilt freilich auch für die 2 000 Jahre alte Geschichte des Christen-tums, das noch immer kein wirkliches Jesus-tum ist. Peter Schuster hat dies in seinem Buch »Verbrecher, Opfer, Heilige. Eine Geschichte des Tötens« überzeugend dargestellt: Es ist ein ganzes Bestiarium, eine grausige Geschichte des Tötens durch Vierteilen, Rädern, Foltern und Herausreißen der Eingeweide. Und alles im Namen Gottes und im Namen Jesu! Für den Massenmord im Zweiten Weltkrieg zogen Soldaten mehrerer »christlicher« Länder in den Krieg mit dem Schlachtruf auf ihrer Koppel »Gott mit uns«. Wir Christen haben all das gemacht, was wir heute den Islamisten vorwerfen!

Jesu neues Menschen- und Gottesbild ist in diesem Buch bisher schon durch seine Bergpredigt-Worte aufgezeigt worden. Jesus spricht die Friedensstifter selig. Aber noch immer stehen viele Christen auf einer vorjesuanischen Bewusstseinsstufe eines aggressiven Kriegsgottes. Im Alten Testament beten die Menschen: Zerstöre meine Feinde. Zertritt sie in den Staub. Jesus hingegen: Nein, erbarmt euch derer, die euch anfeinden. Denn Gott liebt alle Menschen wie eine Mutter ihre Kinder. Oder: »Werdet barmherzig, so wie euer Vater barmherzig ist.« Also: Wachst, reift, öffnet euch, sucht, vertraut und liebt mit Herz und Verstand. Nie ist in der Religionsgeschichte ein schöneres Gottesbild gemalt und aufgezeigt worden als diese Geistesverwandtschaft der Menschen mit Gott. Wir sind Gottes Geliebte, so wie Jesus sein »Geliebter« war – wie es die Himmelsstimme am Berg Tabor oder bei seiner Taufe ausdrückte.

63. Bete heimlich!

»Du aber, sooft du ein Gebet sprichst,
sollst du für dich in deine Kammer gehen
und sollst die Tür hinter dir schließen,
damit dein Gebet heimlich sei!
Und Abba, der dich sieht –
heimlich wird er dir vergelten!«

(Mt 6,6 RÜ)

Die drei Frömmigkeitsübungen im jüdischen Kulturbereich zur Zeit Jesu waren Wohltätigkeit, Fasten und Beten. Dadurch wollten und sollten sich die Menschen Verdienste vor Gott erwerben. Doch das obige Jesuswort lehrt uns, dass er in diesen Übungen reine Selbstdarstellung sieht und sie völlig anders bewertet. Echte Zwiesprache mit Gott geschieht heimlich – nur dann ist sie frei von Prahlerei. Der Gott Jesu will keine »Verdienste«, sondern offene Herzen und volles Vertrauen.

64. Ohne Vertrauen keine Rettung

»Jeder, der vertraut –
er kann gerettet werden.
Jemand, der nicht vertraut –
er kann nicht gerettet werden.«

(Mk 16,16 RÜ)

Die Evangelien berichten von zwei Grundvoraussetzungen für das Gelingen der Heilungen durch Jesus. »Willst du gesund werden?«, fragt er jeden Betroffenen, und nach den Heilungen erklärt er, was die Bedingung der Heilung war: »Dein Vertrauen hat dich geheilt.« Jesus hatte die Fähigkeit, das Selbstvertrauen und das Gottvertrauen von Menschen zu inspirieren. Davon lebte seine Heilkraft, die alle faszinierte.

In den ersten drei Evangelien endet die Erzählung über eine Frau, die Jesus geheilt hat, mit der an sie gerichteten Ermunterung in der griechischen Einheitsübersetzung so: »Meine Tochter, dein Glaube hat dir geholfen, dich gesund gemacht. Geh hin in Frieden.« (Mt 9,22 / Mk 5,34 / Lk 8,48) Hier wird das Wort »Glaube« so herkömmlich gebraucht wie im christlichen Glaubensbekenntnis. Doch dieses Wort ist mehrdeutig. In Jesu Muttersprache gibt es aber nur ein Wort, das er gebraucht haben kann: humunata. Das aber heißt nicht »Glauben«, sondern »Vertrauen«. Dasselbe gilt für das Verb »hemin«, das – richtig übersetzt – ebenfalls nicht »glauben«, sondern »vertrauen« heißt. Folglich hat Jesus zur geheilten Frau in seiner Muttersprache gesagt: »Meine Tochter! Dein Vertrauen hat dich gesunden lassen. Geh hin in Frieden!« (RÜ) Das kirchliche »glauben« ist identisch mit einem äußeren Zwang: Du musst glauben! Oder: blind glauben, weil es so ist. »Vertrauen« aber wächst von innen! Vertrauen basiert auf erfahrungsgetränkter Freiheit.

65. Jesu Vollmacht, nicht Allmacht

»Amen! Amen! – Ich sage euch:
Abba gab mir die Vollmacht
in den Himmeln und auf der Erde –
damit ich ins Licht zurückführe,
die im Finstern sind,
damit ich in die Wahrheit zurückführe,
die im Irrtum sind,
damit ich ins Licht zurückführe,
die im Tod sind.«

(Mt 28,16-20 RÜ)

Jesus – der Bevollmächtigte Gottes! Wer außer ihm hätte je so zu uns Menschen reden können! Die Theologen, die Priester, die Gesetzeslehrer und die Gottesverwalter waren entsetzt, aber »das Volk«, seine Zuhörer, hat ihm vertraut.

Aus dieser »Vollmacht«, die Jesus hier begründet, machen die Evangelien-Schreiber später in der griechischen Fassung eine Allmacht: »Mir ist alle Macht gegeben im Himmel und auf der Erde.« (Mt 28,18) Danach hätte Jesus sich selbst als allmächtig beschrieben. Welch ein verhängnisvoller Irrtum derer, die glaubten, ihn ständig verbessern zu müssen. Die Allmacht oder besser das Allwissen steht für ihn nur Abba allein zu. Günther Schwarz: »Der Unterschied zwischen den beiden Texten ist so gewaltig, dass man den des Matthäus eine Fälschung nennen muss.«

Die Kirchen verschleiern den wirklichen Jesus und seinen wahren Gott. Sie sind Jesus-Fälscher und nach Peter Rosien »Gottesfälscher«. Jesu wirklichen Auftrag beschreibt das Johannes-Evangelium so: Er sei nicht gekommen, um zu »richten«, sondern um zu »retten«. Und als Retter erzählt er auch von seinem »Abba«. Gottes »Gericht« will uns nicht hinrichten, sondern aufrichten zur Wahrheit und Wahrhaftigkeit in Güte, die versteht. Eine solche Religion würde nach Eugen Drewermann zur »Seelenheilkunde gelebter Menschlichkeit«.

66. Jesus und die Wahrheit

»Wenn ihr bei meinen Worten beharren würdet,
so würdet ihr wahrhaftig meine Schüler;
und ihr würdet die Wahrheit erkennen.
Und die Wahrheit würde euch frei machen.«

(Joh 8,31-32 RÜ)

Also erstens: Wahrheit erkennen, und zweitens: Wahrheit tun! Das ist bis heute nicht leicht. Schon die Erkenntnis ist schwierig, wenn nicht einmal die Texte stimmen, so wie sie uns vorliegen. Das Verstehen der Worte ist nur dann möglich, wenn sie so nahe wie irgend möglich an die ursprünglichen Worte herankommen. Noch einmal Günther Schwarz: »Wie aber, wenn das dem Wort Wahrheit selbst zu entnehmen ist? Und zwar dem Wort PQX, dem hebräischen Wort für Wahrheit. Es besteht von rechts nach links gelesen aus einem X, Zahlenwert 1, Symbolwert »Ursprung«; aus einem Q, Zahlenwert 40, Symbolwert »Zeit«, und aus einem P, Zahlenwert 400, Symbolwert »Ewigkeit«. In Zusammenhang des obigen Jesusworts »Die Wahrheit erkennen« lädt es uns ein, den Ursprung seines Daseins aus Gott, den Sinn seines Daseins in der »Zeit« und das Ziel seines Daseins in der »Ewigkeit« zu erkennen. Wer dies als Wahrheit erkannt hat, der ist frei geworden von jener geistigen Kurzsichtigkeit, die nur das wahrzunehmen gestattet, was durch die Sinne erfassbar ist.

67. Jesus und das Gewissen

»Jedem, der reden wird gegen mich –
ihm kann Gott vergeben lassen.
Jedem, der reden wird gegen sein Gewissen –
ihm kann Gott nicht vergeben lassen.
Jeden, der Gott vertrauen wird –
ihn kann er wiederbeleben lassen.
Jeden, der Gott nicht vertrauen wird –
ihn kann er nicht wiederbeleben lassen.«

(Mt 12,32 / Lk 12,10 / Mk 3,28-29 RÜ)

Sind Sie, liebe Leserin, lieber Leser, in den vier Evangelien schon einmal dem Wort »Gewissen« begegnet? Die Griechisch-Übersetzer müssen vor diesem zentralen Wort in Jesu Botschaft eine Höllenangst gehabt haben, denn sie meiden es »wie der Teufel das Weihwasser«. In allen drei oben genannten Stellen kommt das Wort im offiziellen griechischen Text nicht vor, obwohl Jesus genau das Gewissen gemeint hat. Eine brutalere und fundamentalere Fälschung der Jesus-Gesinnung ist kaum denkbar. Die Fälscher haben Jesus betrogen und uns belogen. Denn das gesamte Jesus-Programm ist durchdrungen von Vergebung, Vertrauen und Gewissen. Es gibt keinen Zweifel: Nicht Gesetze und Gebote, nicht kirchliche, politische oder berufliche Obrigkeiten sind bei Jesus entscheidend, sondern allein das Gewissen.

Jesus: Euer Gewissen ist wichtiger als eure Karriere. Wahrscheinlich braucht die Welt heute nichts Wichtigeres als eine jesuanische Bewusstseinsrevolution.

68. Jesus wollte kein Politiker sein

»Was würde es mir nützen,
jedermann zu gewinnen
und dadurch meinem Selbst zu schaden?«

(Mt 16,26 / Mk 8,36 / Lk 9,25 RÜ)

In der Apostelgeschichte fragen die Jünger Jesus kurz vor seinem Abschied: »Herr, stellst du in dieser Zeit das Reich für Israel wieder her?« Er sagte zu ihnen: »Euch steht es nicht zu, Zeiten und Fristen zu erfahren, die der Vater in seiner Macht festgesetzt hat. Aber ihr werdet die Kraft des Heiligen Geistes empfangen, der auf euch herabkommen wird; und ihr werdet meine Zeugen sein in Jerusalem und in ganz Galiläa und Samarien und bis an die Grenzen der Erde.« (Apg 1,6-8)

Fast seine ganze Umgebung erwartet von Jesus, dass er ein politischer Messias und ein militärischer Befreier Israels vom grausamen römischen Besatzungsjoch werde. Der Mann hatte zweifellos auch charismatische politische Fähigkeiten: Er konnte Menschen begeistern und durch kluge Reden für sich gewinnen. Aber um politisch erfolgreich zu sein, hätte er ganz anders reden müssen. Er hätte sich selbst in den Mittelpunkt seiner Reden und seines Programms stellen müssen, um das gesamte jüdische Volk für sich einzunehmen. Er hätte – wie 600 Jahre später Mohamed – Kriege führen müssen, aber er wollte zum Frieden ermuntern. Er hätte sich vor dem »Teufel« niederwerfen müssen, aber er wollte den Willen seines »Vaters« erfüllen. Er wollte nicht »sein« Volk beschützen, sondern er wollte *allen* dienen.

Er wollte keine Wunden zufügen, sondern sie heilen. Nur so dient man Gott. Nur so führt man zusammen, was in allen Menschen wohnt: das Göttliche, das, was uns alle eint. Das war der Kern der neuen Geisteshaltung Jesu: Ihr könnt euch fortan an Gott wenden wie ein Kind an seine Mutter. Das – und nur das war seine Botschaft und sein Auftrag. Menschen sollen wieder Kinder des Vertrauens werden.

Jesu »Reich« war die geistige Welt. »Mein Reich ist nicht von dieser Welt«, sagte er zu Pilatus. Er fühlte sich berufen zu einem inneren Königtum für *alle* Menschen auf der ganzen Welt und nicht als äußerer König eines einzigen Volkes. Jesus strebte keine politische Macht an, sondern er wollte Wege zur Menschlichkeit aufzeigen.

69. »Ich bin wie eine sprudelnde Quelle«

»Wenn jemand Durst hat –
er komme zu mir und trinke!
Wer trinken wird von dem Wasser,
das ich ihm geben werde –
er wird niemals mehr Durst haben.

Sondern dieses Wasser,
das ich ihm geben werde –
es wird ihm zu einer Quelle werden,
so dass das Wasser für immer sprudelt.«

(Joh 7,37; 4,14 RÜ)

Jesus ist unterwegs von Judäa nach Galiläa und kommt dabei durch Samarien. Um die Mittagszeit ist er müde und setzt sich in dem Ort Sycha an einen Brunnen: er wird Jakobsbrunnen genannt. Da kommt eine samaritische, also nichtjüdische Frau, um Wasser zu schöpfen. Jesus bittet sie um Wasser. Sie fragt ihn überrascht: »Wie kannst du als Jude mich, eine Samariterin, um Wasser bitten?« Für Juden waren Samariter Ungläubige. Jesus nennt daraufhin das Wasser »eine Gabe Gottes«, und die Frau bittet ihn um Wasser. Jesu Antwort steht oben.

Wasser ist mehr als H2O. Der zweifache Charakter des Wassers, in seiner materiell-chemischen wie auch in seiner geistig-spirituellen Dimension, kommt in Jesu Antwort deutlich zum Ausdruck. Wasser gilt in allen Religionen als ein Gottesgeschenk. Gott wirkt durch das Wasser, mit dessen Hilfe er Leben erzeugt und Leben erhält. Wasser ist Leben. Jesus in der Bergpredigt: »Abba lässt seinen Regen fallen über Gerechte und Ungerechte.«

Denen, die Jesus wirklich nachfolgen wollen, ruft der Meister über die Jahrtausende zu: »Wenn jemand Durst hat, er komme und trinke.« Jesus als Quelle aller Spiritualität. Er preist ein Wasser an, das den Durst für immer stillen soll. Die Frau widerspricht: So ein Wasser gibt es doch gar nicht! Doch was er dann sagt, macht die Frau wieder neugierig.

Neben guter Luft sind Wasser und Sonne die Voraussetzung für unser Leben. Trotzdem verschwenden und vergiften wir heute unser Wasser. Der Klima- und Ozeanforscher Mojib Latif dazu: »Die Ozeane sterben.«

Wasser begleitet uns von der ersten bis zur letzten Sekunde unseres Hierseins. Pfarrer Kneipp brachte die Heilerfahrung des Wassers auf die berühmte Formel: »Aqua sanat – Wasser heilt«. Aber allein die US-Bürger werfen jedes Jahr 40 Millionen Tonnen Giftmüll in das Lebensblut unserer Erde – in die Ozeane. Im Mittelalter mussten Brunnenvergifter mit der Todesstrafe rechnen. Heute sitzen sie an Kabinettstischen und an der Spitze von Chemiekonzernen.

Diese Brunnenvergiftung ist nur ein Symbol dafür, dass es gegenüber dem spirituellen Wasser, das uns Jesus verspricht, eine globalisierte Gleichgültigkeit gibt. Auch die Kirchen haben immer weniger Zugang zu diesem Wasser. Jesu Botschaft ist heute so vergiftet wie das Wasser der Ozeane. Wer trinkt schon freiwillig vergiftetes Wasser? Die Menschen suchen sich andere Quellen und verlassen die Kirchen.

70. Der ökologische Jesus und das 21. Jahrhundert

»Ein Mann wirft Saat auf seinen Acker. –
Nachts schläft er,
tagsüber ist er auf.
Und die Saat sprosst auf und wächst.
Wie? – Er weiß es nicht.
Von selbst bringt der Acker Ertrag hervor:
Zuerst entsteht der Halm,
danach entsteht die Ähre,
zuletzt der Weizen in der Ähre.
Wenn aber das Getreide reif ist –
Plötzlich legt er die Sichel an,
denn die Ernte ist da.«

(Mk 4,26-29 RÜ)

Der Dorfjunge Jesus wandert mit seinen Anhängern oben in den galiläischen Bergen und unten am See Genezareth. Und er erzählt den Bauern die Geschichte von der Saat, den Hirten die Geschichte vom guten Hirten, den Fischern die Geschichte vom reichen Fischfang und den Hausfrauen die Geschichte von der wiedergefundenen Drachme. Seht her – das kennt ihr doch alles! Er erzählt von Tieren und Pflanzen, die auch seine Zuhörer kennen. Oder von Abfall, Acker, Aas und Ähre, von Dornen und Disteln, von Essen, Erdbeben, Erde, Eseln, Engeln und vom ewigen Leben, von Gott und Gras, von Regen, Reben und vom Reifen, von Sonne, Sand und Sandkorn, von Seele und Segnen, vom Maulbeerbaum und Mücken, vom Vater und den Vögeln, vom Wachsen und Wandern, vom Wein und von den Weiden, von den Wolken, der Weisheit und vom Weizen, von Wundern und Wölfen, vom Wurm, von der Wurzel und von der Wüste. Dörfler verstehen diese Sprache sehr wohl – bis heute.

Der Clou, wie schon in Kapitel 26 angedeutet, ist: »Von selbst« wächst die Saat oder die Frucht oder das Gemüse. Die Sonne scheint »von selbst«, der Wind weht »von selbst«, das Wasser fließt »von selbst« und reinigt sich »von selbst«, so wie Bäume und Pflanzen »von selbst« wachsen. Und das alles weitgehend kostenlos. Wir müssen nur empfangen lernen, und genau dies fällt uns so schwer.

Ich nenne Jesus auch deshalb ökologisch, weil er ein großer Naturpoet war und zum Glück für die Menschheit kein Theologe. Für Jesus ist die Natur und die gesamte Schöpfung die wahre Offenbarung seines Vaters, *der* Gottesbeweis schlechthin. In Jesu Lehre und Leben liegen die Wurzeln einer ökologischen Ethik und einer ökologischen Spiritualität, die uns heute in der ökologischen Krise vielleicht noch helfen oder gar noch retten könnten.

Die Naturgleichnisse Jesu sind keine romantische Poesie, sondern die Vision einer gerade heute hilfreichen Gegenwart Gottes. Der Theologe Matthew Fox fasst die ökologische Theologie Jesu in diesem Satz zusammen: »Gott ist in allem und alles ist in Gott.«

Jesus war ein Outdoor-Theologe – so würden es natursportbegeisterte junge Leute heute nennen. Der Nazarener zieht über zwei Jahre lang – zwischen dem Jahr 28 und 30 – als Geschichtenerzähler und Wanderprediger durch die Orte seiner Heimat in Obergaliläa und später mehrfach durch Peräa nach Jerusalem, am Jordan-Fluss entlang, durch Samaria. Er unternimmt viele Bootsfahrten auf dem See Genezareth von Kafarnaum aus, wo er sich als Handwerker wie die meisten seiner Berufskollegen ein Haus gebaut oder zumindest gekauft hatte. Er wandert nach Norden ins syrische Tyrus und nach Süden bis ans Tote Meer in Judäa und wieder von Kafarnaum nach Jerusalem. Lukas berichtet über diese Reisen: »Tagsüber lehrte Jesus auf dem Tempelhof. Abends verließ er Jerusalem (weil es für ihn dort zu gefährlich war), um in Betanien zu übernachten. Viele Menschen kamen schon frühmorgens zu ihm, um ihm zuzuhören.« (Lk 21,37.38) Auf seiner letzten großen Tour zog es ihn bewusst nach Jerusalem. Hier wollte er es genau wissen. Wahrscheinlich wurde er dort am 7. April des Jahres 30 für seine Überzeugung gekreuzigt. Der erste Ostersonntag war demnach der 9. April im Jahr 30, als Jesus 36 oder 37 Jahre alt war – so hat es Günther Schwarz errechnet.

71. Barmherzigkeit ist der neue Name Gottes

Eines seiner schönsten Gleichnisse ist die Geschichte vom barmherzigen Samariter, mit dem er einen Schriftgelehrten bei einem Streitgespräch zum Schweigen bringt:

»Ein Mann, ein Reisender, ging hinab
von Jerusalem nach Jericho
und fiel Räubern in die Hände.
Sie beraubten ihn.
Sie zogen ihn aus.
Sie schlugen ihn.
Sie ließen ihn zurück
zwischen Sterben und Leben
und gingen weg von dort.
Zufällig kam ein Priester.
Er ging hinab auf dem Weg,
sah ihn und ging an ihm vorüber.
Ebenso auch ein Levit.
Er kam an jene Stelle,
sah ihn und ging vorüber.
Dann kam ein Samariter.
Er kam daher auf dem Weg,
sah ihn und erbarmte sich seiner.
Er näherte sich ihm.
Er gab ihm zu trinken.
Er verband seine Wunden.
Er setzte ihn auf seinen Esel,
brachte ihn in ein Rasthaus
und sorgte weiter für ihn.
Am Morgen des nächsten Tages
holte er zwei Denare hervor,
gab sie dem Rasthauswirt und sagte:
Sorge du nun für ihn!
Und was es dich mehr kostet,
bezahle ich, wenn ich zurückkomme.«
Da fragte Jesus den Schriftgelehrten:
»Was meinst du? –
Wer von den dreien
war dem ein Weggefährte,
der den Räubern in die Hände fiel?«

Er antwortete:
»Jener, der sich seiner erbarmte.«
Jesus erwiderte:
»Geh – Auch du!
Handle ebenso.«

(Lk 10,25-37 RÜ)

Auf der ganzen Welt wird diese ergreifende Geschichte seit 2 000 Jahren weitererzählt. Unter Hindus in Indien ist sie besonders beliebt. Gott will aus allen Völkern *ein* Volk, *sein* Volk machen. Und aus allen Religionen *eine* Religion, *seine* Religion. Und diese seine Religion heißt Menschlichkeit.

72. Jesus und die Sünder

Eindrücklich auch dieses Gleichnis:

»Und welche Frau unter euch,
die zehn Drachmen hat
und eine von ihnen verliert,
wird nicht eine Lampe anzünden
und das Haus fegen und suchen,
bis sie sie gefunden hat?!
Und wenn sie sie gefunden hat –
wird sie nicht ihren Freundinnen zurufen
und sagen: Freut euch mit mir!
Ich habe meine verlorene Drachme wiedergefunden?!
Ich! – Ich sage euch:
Ebenso wird Gott sich freuen
über eine Sünderin, die bereut hat,
mehr als über neun Gerechte, die keine Reue nötig haben.«

(Lk 15,8-10 RÜ)

Keine komplizierte Theologie, sondern einfache Geschichten für jedermann. Gott freut sich über reuige Sünder wie die Frau über die wiedergefundene Drachme, wie ein Vater über seinen zurückgekehrten Sohn oder wie ein Hirte über sein wiedergefundenes Schaf.

73. Die Reinheitsrevolution Jesu

»Nicht das, was in seinen Mund hineinkommt,
kann den Menschen unrein machen.
Nur das, was aus seinem Mund herauskommt,
kann den Menschen unrein machen.«

(Mt 15,11 / Mk 7,15 RÜ)

Für das gesamte orthodoxe Judentum war so ein Satz eine Revolution: Jesus stellt die äußeren kultischen Reinheitsgebote in Frage, so wie er fast alles Äußere in Frage stellte. Damit stellte er die Kultübungen der Extra-Frommen seines Volkes in Frage.

Was Jesus deutlich machen wollte: Kein Mensch wird unrein durch das, was er isst, sondern durch das, was er sagt, was er innerlich empfindet. Nicht religiöse Rituale entscheiden über unser Lebenswerk, sondern unsere innere Haltung. Wichtiger als das kultische Händewaschen ist die Reinheit unserer Seele.

Nach den Terroranschlägen vom November 2015 in Paris und vom März 2016 in Brüssel reden viele Politiker und Journalisten wieder vom »Krieg gegen den Terror«. Krieg gegen wen?

Fünf der sieben in Paris getöteten Attentäter waren in Europa aufgewachsen, so wie die beiden Brüder Zarnajew, die

2013 in Boston Terroranschläge verübt haben, Bürger der USA waren. Die Terroristen sind oft unsere eigenen Kinder. Die Brüsseler Attentäter stammten aus Belgien mit guten Kontakten nach Deutschland. Wer in diesem Zusammenhang von »Krieg« spricht, vergisst, dass wir einen Bürgerkrieg führen müssten, oder wie Jesus oben sagt: Er vergiftet sich selbst. Krieg ist das schlimmste Gift aller Zeiten.

In der »Bild«-Zeitung lese ich an Ostern 2016: »Der beste Schutz gegen Terrorismus ist immer noch, möglichst viele Terroristen zu töten oder ins Gefängnis zu sperren.« Wer so spricht oder schreibt, hat das Jesuswort »Nur das, was aus seinem Mund (oder aus seiner Feder) herauskommt, kann den Menschen unrein machen« auch 2 000 Jahre danach immer noch nicht verstanden. Mit Bomben lassen sich keine Probleme lösen. Wie viele Jahrtausende brauchen wir noch, um den Bergprediger zu verstehen? Nach dem 11. September 2001 schrieb der Dalai Lama an George W. Bush: »Lieber Herr Präsident, auch Bin Laden ist unser Bruder.« Dieser Präsident, der sich auf Jesus berief, begriff gar nichts. Die Folgen sehen wir heute im gesamten Nahen Osten.

74. Hütet euch vor den Frommen!

Jesus geriet über die Selbstherrlichkeit und Selbstgerechtigkeit der Scheinfrommen in Rage und hielt zornige Reden gegen sie – nachzulesen im Matthäus-Evangelium, Kapitel 23, 1 ff. RÜ. Diese Zornesreden gehören ganz wesentlich zu seinem männlichen Selbst und sind starker Tobak für zartfromme Seelen:

»Wehe euch, ihr Pharisäer,
die ihr den Zehnten gebt in Rossminze
und Dill und Kreuzkümmel!
Denn das Schwerwiegendere der Thora übergeht ihr:
das Recht und das Erbarmen.
Wehe euch, ihr Pharisäer,
die ihr von außen reinigt
den Becher und die Schüssel!
Denn von innen sind sie voll
von Schmutz und Rost.
Wehe euch, ihr Pharisäer,
die ihr von außen erscheint
als Gerechte!
Denn von innen seid ihr voller Ungerechtigkeit.
Wehe euch, ihr Pharisäer,
die ihr gekalkten Gräbern gleicht, die von außen leuchten!
Denn von innen sind sie voll
von Totengebeinen.
Wehe euch, ihr Schriftgelehrten,
die ihr die Menschen belastet
mit schweren Lasten!
Denn ihr! – *Ihr rührt sie nicht an*
mit einem eurer Finger.
Wehe euch, ihr Schriftgelehrten,
die ihr verbergt den Schlüssel der Erkenntnis
des Königtums Gottes!
Denn ihr! – *Ihr geht weder hinein,*
noch lasst ihr hinein.
Ihr unwissenden Führer,
die ihr Mücken herausfiltert
und Kamele hinunterschluckt.
Ihr durchforscht die Schriften, weil ihr hofft,
dass ihr in die Gottnähe eingelassen werdet durch sie.
Aber zu mir kommen wollt ihr nicht,
dass ihr in die Gottnähe eingelassen werdet durch mich.

Wenn ich die Wahrheit sage,
warum vertraut ihr mir nicht?«
Und seinen Anhängern empfahl er schließlich:
»Hütet euch vor Schriftgelehrten,
die in Prachtgewändern daherkommen
und den Beischlaf vollziehen mit Witwen
und zum Schein lange beten!«

(Mt 23,1 ff. RÜ)

Wenn Fliegen mit Kamelen in Wettstreit treten und Dill und Rossminze als Steuerabgabe ironisiert werden, dann ist Humor im Spiel, bei allem Zorn. Etwas von diesem Humor wünscht man sich oft bei Jesu aktuellem Bodenpersonal.

75. Was ist wichtig – was ist unwichtig?

»Jemand, der ehrlich ist in Unwichtigem –
er wird auch ehrlich sein in Wichtigem.
Jemand aber, der unehrlich ist in Unwichtigem –
er wird auch unehrlich sein in Wichtigem.«

(Lk 16,10 RÜ)

Mit diesem Wort wollte Jesus seinen Freunden einschärfen, dass es wichtig ist, absolut zuverlässig zu sein, bei Wichtigem und bei Unwichtigem. Diese Aufforderung müsste doch die wichtigen Personen der Kirchen veranlassen, dass das, was sie lehren und verkündigen, sorgfältig dem entsprechen muss, was ihr Meister gelehrt und verkündet hat. Sonst sind sie »unehrlich in Wichtigem«. Wann also gibt es offiziell kirchliche Übersetzungen der wichtigsten Jesusworte aus dem Aramäischen?

Noch einmal ein Text von tiefer jesuanischer Eindeutigkeit. In den Augen Jesu ist das wahre Gut zweifellos Gott. Das eigentliche Vermögen soll für Jesu Nachfolger der Lohn im Reich Gottes sein. Das irdische Vermögen ist uns nur anvertraut. Aber auch darüber, über das »Unwichtige«, ist einmal Rechenschaft abzulegen. Dann aber erst recht über das »Wichtige«. Das Eigentliche erwartet uns in der geistigen Welt.

76. Wann endlich herrscht Frieden?

»Wenn ihr scharfsinnig wäret unter euch –
ihr würdet friedlich leben miteinander.«

(Mk 9,50 RÜ)

Hier lässt sich besonders gut nachweisen, wie unverständlich und geradezu grotesk die herkömmliche wörtliche Übersetzung des Neuen Testaments aus dem Griechischen sein kann. Im Neuen Testament, das Sie zu Hause haben, lesen Sie diese Stelle im Markus-Evangelium so: »Habt Salz in euch und haltet Frieden untereinander.« So steht es in der Einheitsübersetzung. Verstehen Sie diesen Satz: »Habt Salz in euch«?

Was könnte wohl Jesus damit gemeint haben? Es handelt sich um eine peinliche Fehlübersetzung. Günther Schwarz hat bei seiner Beschäftigung mit dem Talmud herausgefunden, was mit dem Symbolbegriff »Salz« und »gesalzen« gemeint ist: scharfsinnig! Und das macht Sinn, gerade, wenn es um Krieg oder Frieden geht. Also: Jesus schlägt vor, dass der mit Vernunft begabte Mensch endlich auch von dieser Vernunft Gebrauch mache. Dass das geht, ist an vielen historischen Beispielen nachzuverfolgen: zum Beispiel in Deutschland im Jahr 1989 durch eine friedliche Revolution der Vernunft.

Das Hauptproblem des friedlichen Zusammenlebens, das die Menschheit seit Urzeiten hat, lässt sich wohl kaum kürzer zusammenfassen, als es Jesus hier tut. Konkrete Vorschläge, wie das friedliche Zusammen gelingen kann, macht er in der Bergpredigt. Frieden ist möglich – freilich nicht durch Kriegsvorbereitung. Wer Frieden will, muss den Frieden vorbereiten. Wir müssen endlich eine intelligente Politik der Bergpredigt lernen. Mit unbedachten Ausreden wie »Mit der Bergpredigt kann man nicht regieren« muss Schluss sein. Ernst zu nehmende Christen dürften so etwas Primitives einfach nicht mehr sagen. Und sie dürften schon gar nicht vom Frieden reden, wenn sie zugleich Waffenexporte genehmigen.

Jesu Feindesliebe ist nicht Trottelhaftigkeit, sondern Klugheit. Feindesliebe heißt, den Mut zum ersten Schritt zur Annäherung zu haben. Feindesliebe ist innere Souveränität und nicht engstirnige Rechthaberei. Feindesliebe ist nicht kleine theologische Münze, die man verschachern könnte, sondern der Wille unseres gemeinsamen Schöpfers. Feindesliebe heißt: Sei klüger als dein Feind!

77. Erkenne dich selbst

»Jemand, der mir folgen will –
er muss sein Selbst erkennen und mein Joch tragen.«

(Mt 16,24 / Mk 8,34 / Lk 9,23 RÜ)

Auch dieses Wort steht in der Einheitsübersetzung der katholischen und evangelischen Kirche völlig sinnverdreht: »Wer mein Jünger sein will, der verleugne sich selbst, nehme sein Kreuz auf sich und folge mir nach.«

Was nun: Selbsterkenntnis oder Selbstverleugnung? In den Kirchen wird Selbstverleugnung gelehrt. Günther Schwarz dazu: »Schamrot könnte man darüber werden, dass man Jesus das in den Mund legt.« Wissen Sie, was Selbstverleugnung heißt? Nichts anderes als Gottverleugnung. Und so einen Unsinn soll Jesus gelehrt haben? Gott wollte uns genau so, wie wir sind. Warum sollten wir das verleugnen? Warum sollten wir suchen und bitten, wenn es um Selbstverleugnung ginge? Wenn wir mal so weit gekommen sind, dass wir an der Himmelstür »anklopfen« können, dann haben wir den Weg der Selbsterkenntnis hinter uns. Und hat Jesus nicht zuvor gesagt: Wer beharrlich anklopft, den kann Gott einlassen?

Die Einlassbedingung ist freilich nicht ein Sakrament wie die Taufe – sondern der Weg, den wir bis zum Ziel gehen. Und diesen Weg hat uns Jesus gezeigt: »Ich bin der Weg, die Wahrheit und das Leben.« Und was ist das Joch, das uns Jesus empfiehlt? Nichts anderes als sein doppeltes Liebesgebot. Liebe deinen Nächsten wie dich selbst. Den zweiten Teil dieses »Gebots« haben die meisten Christen leider überhört. Ein sanftes Joch! Die Bergpredigt ist ein Weg zur Selbsterkenntnis und zur Welterkenntnis.

Was haben die Kirchen nicht alles aus diesem Wegweiser Jesus gemacht! Sie haben ihn verkitscht und verkirchlicht, vergöttlicht und verdrängt. Und sie haben ein hilfloses Kind auf den Schoß einer Himmelskönigin gesetzt. In vielen kirchlichen Texten wird Maria sogar »Braut Christi« genannt. Eine Mutter soll nicht nur »Jungfrau« sein, sondern auch noch die »Braut« ihres eigenen Sohnes. O heilige Einfalt!

78. Ermutigen statt entmutigen

»Amen! Amen! – Ich soll euch sagen:
Jedes entmutigende Wort,
das die Menschen sagen werden –
sie müssen darüber Rechenschaft ablegen
am Tag des Rechtsspruchs.«

(Mt 12,36 RÜ)

Welch ein aktueller und nützlicher Hinweis in den Zeiten des Mobbings. Schon kurz nach unserem Sterben werden wir Rechenschaft über jedes »entmutigende Wort«, das wir gesprochen haben, ablegen müssen. Am Tag des Rechtsspruchs. Jesus schlägt uns also vor, mit Bedacht und Achtsamkeit zu sprechen – sicherlich am meisten gegenüber Kindern, denn je jünger sie sind, desto eher können wir ihr Selbstwertgefühl, ihren Lebensmut und ihre Persönlichkeit zerstören oder zumindest stören und ihr Gottvertrauen verletzen.

79. Gebt niemals auf!

»Jemand, der seine Hand an den Pflugsterz gestemmt hat
und dann zurückkehrt in sein Haus –
er ist untauglich für die Gottesherrschaft.«

(Lk 9,61.62 RÜ)

Offensichtlich verstand Jesus etwas vom Pflug und vom Pflügen. Deshalb wusste er, was man tun muss, damit der Pflug tief genug in den Ackerboden eindringt. Wer tauglich werden will für das Reich Gottes, meint Jesus hier, braucht Ausdauer und darf sich durch Schwierigkeiten nicht entmutigen lassen.

Die Bonner Religionslehrerin Rosi Gollmann hatte vor 50 Jahren erfahren, dass in Bangladesch eine Million Menschen am grauen Star erblindet waren, und begann, in Deutschland Spenden für entsprechende Augenoperationen zu sammeln. Eine Operation sollte damals 26 Deutsche Mark kosten, in Deutschland nicht viel, aber in Bangladesch für die Armen ein Vermögen. Ihr wurde entgegengehalten: »Bei einer Million Blinde – wo willst du als einfache Frau denn da anfangen?« Ihre schlichte Antwort: »Mit dem ersten!« Und sie begann im Freundeskreis, in ihrer Schule und in ihrer Pfarrei, Geld zu sammeln. Der erste Blinde konnte operiert werden. Wir berichteten in meiner Fernsehsendung »Report Baden-Baden« mehrmals darüber. Die Zuschauer spendeten über 20 Millionen Mark, und 2002 konnten wir die millionste Blindenheilung im Armenhaus Asiens filmen, heute sind es 1,4 Millionen ehemals blinde Menschen, die sehen können, weil sich Fernsehzuschauer anrühren ließen und *eine* Frau ihrem Gewissen folgte. Wenn ihr etwas als richtig und wichtig erkannt habt: Gebt niemals auf, meint Jesus.

Damit jede und jeder wirklich versteht, was der große Ermutiger aus Nazareth meint, wird er im Thomas-Evangelium noch deutlicher: »Sooft du fällst, steh auf! Und du wirst gerettet sein.« Welch eine Ermutigung aus dem Munde des großen Menschenfreundes und Menschenkenners. Keine Zwischeninstanz, keine Rede von täglicher Reue und ständiger Buße, kein Priester, keine Beichte, kein Ablass-Prediger ist nötig. Es hängt von dir ab, ob du Einlass in die geistige Welt findest, ob du gerettet wirst. Kirche ist nicht nötig, meinte der junge Rabbi vor 2 000 Jahren. Entscheidend ist, dass du einfach wieder aufstehst wie ein Kind, das auch immer hinfällt, wenn es laufen lernt, aber genau dadurch laufen lernt.

Wahrscheinlich ein Jesuswort an einen Verzweifelten. Und weil es wohl geholfen hat, haben seine Mitarbeiter dieses Wort getreulich aufgeschrieben – für uns.

80. Die Frohbotschaft für alle: vom tatkräftigen Handeln

»Geht! –
Ruft aus die Frohbotschaft für alle *Menschen!*
Und lehrt sie zu befolgen
alles, was ich euch geboten habe!
Und seht! –
Ich bin mit euch
alle Zeit
bis zur Vollendung!«

(Mt 28,19.20 / Mk 16,15 RÜ)

Ein Wort Jesu an seine Schüler. Sie haben jetzt einen Sendungsauftrag. Dieser Auftrag gilt bis in die heutige Zeit und für alle Zeit – bis *alle* gerettet sind. So meinte es Jesus. Eine Botschaft »auszurufen« heißt, sie bekannt zu machen – aber ohne jede Nötigung. Es geht um geistige Reifung – und diese geht nur freiwillig. Reif werden, um eingelassen zu werden in die geistige Welt, unsere ewige Heimat.

Jesus verspricht den Seinen seine geistige Hilfe und seinen Beistand – diese Zusage konnte sich nur so lange erfüllen, bis machtlüsterne Menschen die Quelle der Jesus-Inspirationen verstopft und seine Botschaft beinahe unkenntlich gemacht hatten.

81. Kontrolliert reden oder unkontrolliert hervorsprudeln?

»Der gute Mensch lässt Güte hervorsprudeln
aus dem guten Überfluss seiner Gesinnung.
Und der böse Mensch lässt Bosheit hervorsprudeln
aus dem bösen Überfluss seiner Gesinnung.«

(Mt 12,35 / Lk 6,45 RÜ)

Der Menschenkenner Jesus unterscheidet zwischen »reden« und »hervorsprudeln«. Nicht was ein Mensch kontrolliert sagt, kennzeichnet ihn, sondern was unkontrolliert aus ihm »hervorsprudelt«, das ist wahr und ehrlich. Diese Erkenntnis gab Jesus an seine Schüler weiter.

Dieselbe kluge Unterscheidung kann heute jede und jeder ebenfalls treffen, wenn er oder sie Versprechen von Parteien vor einer Wahl mit dem vergleicht, was die meisten Parteien anschließend tun. Sie reden immer von »Frieden«, aber bereiten zum Beispiel durch Waffenexporte die nächsten Kriege mit vor.

82. Wer kann ein einziges Knöchelchen hinzufügen?

»Wer unter euch
kann hinzufügen
zu seinem Gebein
ein einziges Knöchelchen?«

(Mt 6,27 / Lk 12,25 RÜ)

Ja, wer kann das? Man muss sich diese witzige Bemerkung Jesu mal ganz konkret und praktisch vorstellen! Das wäre doch etwas für eine Chirurgen-Olympiade!

Streitgespräche mit seinen Gegnern hat Jesus gerne mit der Frage »Wer unter euch?« eingeleitet. Raffiniert. Denn die Antwort konnte nur lauten: »Das kann niemand.« – »Na also!«, musste Jesus dann nur noch sagen. Leider ist uns die Frage, die seine Gegner an ihn gerichtet hatten, nicht überliefert. Sie muss jedenfalls absurd gewesen sein, denn er hat mit der obigen absurden Gegenfrage geantwortet. Die langen Gesichter seiner selbstgerechten Gegner hätte ich gerne gesehen.

83. Gelehrten verborgen – Ungelehrten offenbart

»Ich danke dir, Abba,
dass diese Dinge sich den Gelehrten verbergen
und dass sie sich den Ungelehrten offenbaren.
Ja, Abba! Heiliger! –
weil es so dein Wille war.«

(Mt 11,25.26 / Lk 10,21 RÜ)

Meist hat Jesus für sich allein und zurückgezogen gebetet. So wie er es uns auch empfohlen hat – in der stillen Kammer. Aber dieses Dankgebet sprach er öffentlich, weil es ihm besonders wichtig war. Er war enttäuscht darüber, dass die theologischen Fachleute seiner Zeit, die Schriftgelehrten und die Pharisäer, ihn nicht verstanden und sein Wirken fast einhellig abgelehnt haben. Nur eine kleine Schar von »Ungelehrten« verstand ihn, den nichtstudierten Dörfler, und folgte ihm. So war es und so ist es oft bis heute. Traditionalisten wissen immer alles besser – weil es schon immer so war. In einer Diskussion über das Vorgängerbuch zum »aramäischen« Jesus fragte mich eine studierte Theologin empört: »Haben Sie überhaupt Theologie studiert?«

Noch einmal, weil es auch Jesus so erfahren hat: Die Macht der Gewohnheit ist der größte Feind der Wahrheit. Je älter der Mensch, desto mehr gilt diese Erfahrung. Wer denkt schon gerne um, wenn er sein Leben lang etwas anderes gelernt oder gar selbst gelehrt hat? Das Hauptproblem des Neuen sind immer die Vertreter, die Experten und die Fachleute des Alten.

Was wäre gewesen, wenn Jesus vor 2 000 Jahren auch die »Gelehrten« gefolgt wären? Sehr wahrscheinlich hätten sie dann seine Worte von Anfang an umgedeutet und zu »verbessern« versucht. Und das wäre noch schlimmer gewesen als die späteren Versuche, ihn zu »korrigieren«, um die es in diesem Buch geht.

84. Jesus war wissend, aber nicht allwissend

»Über jenen Tag
weiß ich nichts;
auch die Engel nicht,
nur Abba allein.«

(Mt 24,36 / Mk 13,32 RÜ)

Jesus kannte Gott, seinen Vater, sowie Engel, Dämonen und die Menschen. Er wusste, wovon er sprach, wenn er von ihnen sprach. Er war ein Wissender, aber kein Allwissender, wie viele Christen glauben. Das obige Wort sprach er, nachdem er die Zerstörung des Jerusalemer Tempels vorausgesagt hatte.

Er war ein Heiler, ein Dämonenaustreiber, ein Prophet, ein Dichter, ein Lehrer, aber in allem ein Diener. Dieses vielfältige Können und diese Konsequenz bezeugte und bewies er immer wieder, aber nicht, um sich zu rühmen, sondern um sich der Menschheit zu offenbaren. In der poetischen Rückübersetzung in seine Muttersprache Aramäisch werden sein Wille und sein Wollen ganz deutlich: Wir lesen hier, dass wir Allwissenheit von »Vielwissenheit« unterscheiden müssen. Wir lernen, dass niemand außer Gott allwissend sein kann und dass es in Ordnung ist, nicht alles zu wissen: Denn wo unser Wissen endet, fängt uns das Vertrauen in Gott wieder auf. Gerade Jesu Einsicht in seine Begrenztheit macht ihn so menschlich. Doch sein Vertrauen in Gottes Unbegrenztheit machte ihn göttlich, wie jeden von uns, wenn wir zu vertrauen bereit sind.

85. Wer sein Selbst erhebt, wird erhoben

»Jeder, der sein Selbst niederdrückt –
er wird niedergedrückt werden.
Und jemand, der sein Selbst erhebt –
er wird erhoben werden.«

(Mt 23,12 / Lk 14,11; 18,14 RÜ)

Das Gegenteil dessen, was Jesus wirklich gesagt hat, steht in Ihrer Bibel zu Hause. Schlimmer hätten wir Jesus nicht missverstehen können. Und diese schrecklich falschen Übersetzungen haben über 2 000 Jahre lang seelische Katastrophen bei Menschen verursacht, die blind den Kirchen-Oberen geglaubt haben. Es lohnt der Vergleich.

In der Einheitsübersetzung steht bei Matthäus und gleich zweimal bei Lukas: »Denn wer sich selbst erhöht, wird erniedrigt, und wer sich selbst erniedrigt, wird erhöht werden.« Kann Jesus uns tatsächlich aufgefordert haben, uns selbst zu erniedrigen? Uns selbst kleinzumachen? Das haben sich gerade selbstbewusste Christen lange ungläubig gefragt – auch ich hatte mit diesem angeblichen Jesus-Satz schon immer Probleme. Jesus hat uns zu Großem berufen. Wie sollte er uns »erniedrigen« wollen? Welch fatales Menschenbild und welch fürchterliches Gottesbild! Das war mir schon immer zu viel Selbstverleugnung. Das passt mit dem Selbstbewusstsein, zu dem uns Jesus an vielen anderen Stellen ermutigt, überhaupt nicht zusammen. Kirchen-Obere wollten uns demütigen mit solchem Unsinn, aber niemals der wirkliche Jesus.

Deshalb endlich eine vernünftige, zeitgemäße Übersetzung, die zu einem menschenfreundlichen Jesus und zu einem modernen, selbstbewussten Menschenbild gut passt.

86. Vom Weizen und vom Unkraut

»Jemand säte Weizen
auf seinem Acker.
Doch während die Leute schliefen,
kam sein Feind,
ging hin und säte Tollkorn
zwischen den Weizen.
Als dann die Pflanzen aufsprossten
und Ähren trugen,
zeigte sich auch das Tollkorn
zwischen dem Weizen.«

(Mt 13,24-26 RÜ)

Hier gibt Jesus selbst die Antwort auf die Frage, die auch mir nach meinem ersten Buch über den »aramäischen« Jesus gestellt wurde: Wie war es möglich, dass Christen Jesu Botschaft bis zur Unkenntlichkeit verfälschen konnten?

Diese Katastrophe hat Jesus wohl vorausgesehen. Deshalb das obige Gleichnis vom Weizen und vom »Unkraut« (Tollkorn).

Mit »Jemand hatte Weizen gesät« meinte Jesus sich selbst, der lebenserhaltende Frucht gesät hatte. Aber der »Feind« oder der »Teufel« bleibt nicht untätig, er schläft nicht und sät »Tollkorn« zwischen den Weizen oder dogmatische Fälschungen. Verwirrungen also. Biologen haben uns aufgeklärt, dass Tollkorn botanisch dem Weizen nahesteht und dass beide erst dann zu unterscheiden sind, wenn sie Ähren tragen. Wenn Weizenmehl mit Tollkornkörnern gemischt wird, kommt ein gesundheitsschädlicher Stoff heraus. Geistig noch schädlicher ist die Vermischung von Jesu Lebens-, Leidens- und Lehrwerk mit dem Tollkorn von Christen, die glaubten, Jesus korrigieren zu müssen. Das war ein Teufelswerk, eine boshafte Verfälschung schon an den Quellen, meint Günther Schwarz.

Dazu gehört auch seine Erkenntnis, an der er ein Berufsleben lang intensiv gearbeitet hat: »Die Rhythmen der Worte Jeschus erkennen zu können, ist keinesfalls nebensächlich. Im Gegenteil. Sie zutreffend bestimmen zu können, ist die Voraussetzung dafür, ihren ursprünglichen Wortlaut zu rekonstruieren und damit sein geistiges Eigentum wiederzugewinnen. Wo immer das gelingt, darf man sicher sein (ohne Anspruch auf Unfehlbarkeit!), sein Wort zu lesen und zu hören – frei von falschen Tönen. Rhythmisches Sprechen war in keiner Sprache der Welt so ausgeprägt wie im Aramäischen, wo schon kleine Kinder auf der Straße rhythmische Lieder anstimmten.«

87. Jesus als Lösegeld

»Ich bin auf die Erde gekommen,
um mein Selbst hinzugeben als Lösegeld für alle.«

(Mt 20,28 / Mk 10,45 RÜ)

Bei diesem Jesuswort geht es um alle und um alles. Jesus sprach selten in der »Ich«-Form. Dazu war er zu bescheiden. Er benutzte stattdessen den Begriff »Menschensohn«, wenn er von sich sprach. Aber diese Botschaft war ihm zu wichtig, um sie zu umschreiben. Seine Lehre gilt für alle. Es geht um alle und um alles, weil niemand mehr als sein Selbst, sich selbst, als Lösegeld für alle geben kann.

Er wollte mit seiner Botschaft und mit der Hingabe seines Lebens für *alle* alle Menschen freikaufen von der geistigen Sklaverei durch den Satan als »Herrscher dieser Welt« (Joh 12,31/14,30/16,11). Mehr hat nie ein Mensch versucht. Deshalb bezeichne ich Jesus als den *einzigartigsten* Menschen aller Zeiten.

88. In Jesus Ruhe finden

»Kommt zu mir, ihr alle,
die ihr Geplagte und Leidende seid!
Ich werde euch Ruhe verschaffen.
Nehmt auf euch mein Joch
und lernt von mir,
der ich sanftmütig bin
und herzlich demütig –
sodass ihr Ruhe findet für euer Selbst!
Denn mein Joch ist sanft,
und meine Last ist leicht.«

(Mt 11,28-30 RÜ)

Das ist wohl Jesu schönstes Trostwort an Leidende und Geplagte. Sie kamen in Massen zu ihm. Denn er hörte ihnen zu, und er konnte heilen. Wir können annehmen, dass er in seinen Jahren zwischen zwölf und fünfunddreißig, über die wir im Neuen Testament nichts über ihn erfahren, neben seinem Handwerksberuf das Heilen und das Dämonenaustreiben gelernt hat, weil er es später zum Erstaunen seiner Anhänger so erfolgreich praktizierte.

Den vielen Kranken, die zu ihm kamen, weil sie ihm als Heiler vertrauten, versprach er, ihnen zunächst Ruhe zu verschaffen. Die heutige Medizin weiß, dass Ruhe eine wesentliche Voraussetzung eines jeden erfolgreichen Heilungsprozesses ist. Mit der »leichten Last« seines »sanften Jochs« meinte Jesus sein Doppelgebot der Gottes- und Nächstenliebe. Jeder Lebenserfahrene weiß, dass man damit leichter durchs Leben kommt.

89. Der schmale Weg ins Reich Gottes

»O wie breit ist der Weg,
der in den Tod führt!
Und jener gibt es viele,
die auf ihm gehen.
O wie schmal ist der Weg,
der ins Leben führt!
Und jener gibt es wenige,
die ihn finden.«

(Mt 7,13.14 RÜ)

Jesus greift hier ein uraltes Motiv der zwei Wege auf, von denen der eine in den Tod und der andere ins Leben führt. Gemeint sind zwei gegensätzliche Lebenswege: Der eine führt in die Gottferne und der andere in die Gottnähe.

Mit Gottnähe meint Jesus die geistige Welt Gottes und mit Gottferne meint er das, was er gewöhnlich mit »Finsternis« bezeichnet.

In die geistige Welt zu gelangen, erfordert lebenslange geistige Lebendigkeit, verbunden mit steter Lernbereitschaft und Entwicklungsfreudigkeit, um die Einlassbedingungen in die geistige Welt zu erfüllen. Um *hinüberzureifen* in die geistige Welt.

90. Petrus der Fels oder Jesus der Fels?

»Dies ist er, mein Sohn, mein Einzigartiger,
Er, an dem mein Selbst Wohlgefallen hat,
gehorcht ihm! – Denn er ist der Fels.
Auf diesen Felsen
werde ich meinen Tempel bauen.
Ihn können sie nicht überwältigen,
die Torhüter der Unterwelt.
Ihm werde ich die Schlüssel geben
zur Himmelsherrschaft.
Wem er zuschließen wird –
ihm soll zugeschlossen sein.
Und wem er aufschließen wird –
ihm soll aufgeschlossen sein.«

(Mt 17,5; 16,18-19 RÜ)

Im Dezember des Jahres 29 nahm Jesus seine Jünger Petrus, Jakobus und dessen Bruder Johannes mit auf einen hohen

Berg. Dort wurde Jesus vor ihren Augen in Lichtglanz eingehüllt. Im Matthäus-Evangelium heißt es dazu: »Sein Gesicht leuchtete wie die Sonne, und seine Kleider wurden blendend weiß wie das Licht.« Eine Himmelsstimme offenbarte ihnen die Einzigartigkeit Jesu.

Die »Himmelsstimme«, die so über einen Menschen spricht, ist für Rationalisten des 21. Jahrhunderts natürlich eine Zumutung. »Lichtglanz« und »Himmelsstimme« – wo gibt's denn so was? Doch neben dem oben zitierten Text gibt es zwei weitere Textzeugen, die wir nicht einfach beiseiteschieben können, nur weil uns ihr Inhalt nicht behagt. In der aramäischen Rückübersetzung heißt es in Johannes 1,14: »Wir sahen den Lichtglanz des einzigartigen Sohnes von Abba.« Und im ersten Petrus-Brief steht in der aramäischen Rückübersetzung: »Wir sind Zeugen seines Lichtglanzes geworden ... und diese Stimme haben wir vom Himmel hören können, als wir mit ihm auf dem heiligen Berg waren.« Das, was die drei Jünger Jesu hierbei an ihrem Meister sehen konnten, heißt in der chinesischen und tibetischen Medizin schlicht »Aura«. Seine drei Freunde haben Jesus in seiner Aura gesehen und erlebt.

Beim Abstieg vom Berg fragte Jesus seine eng vertrauten Schüler: »Wisst ihr nun, wer ich bin?« (Mt 17,9; 16,15-17 RÜ) Petrus antwortete: »Du bist der Sohn Gottes.« Jeschu erwiderte: »Wohl dir! Simon, Sohn des Jonas, denn nicht Fleisch und Blut haben dir das geoffenbart, sondern Abba in den Himmeln.« Dann befahl er seinen Schülern: »Ihr dürft die Schauung niemand mitteilen – außer ich werde am Leben erhalten.«

So wurde auch die Frage nach Jesu Selbstverständnis endgültig von ihm selbst beantwortet: Er ist nicht Gott, aber Gottes einzigartiger Sohn. Außerdem ist Petrus nicht der Fels, auf den Gott seine Kirche bauen will, sondern Jesus ist »der Fels«. Und schließlich: Den Schlüssel zum Einlass in die geistige Welt besitzt nicht Petrus, sondern allein Jesus. So wird auch verständlich, dass viele heutige Menschen mit Nahtoderfahrung berichten: »Jesus hat auf mich gewartet.« Nach einem Verkehrsunfall und einer Nahtoderfahrung schrieb die Gesundheitsberaterin Pamela Krischer-Teichmann: »Ich bin überzeugt, damals habe ich Jesus getroffen.«

91. Das Papsttum beruht auf einer Fälschung

Jesus hat sich sogar wortwörtlich gegen ein autoritäres Papsttum ausgesprochen:

> *»Ihr sollt euch nicht Rabbi nennen lassen!*
> *Denn einer ist euer Meister (Jesus).*
> *Und ihr sollt euch auch nicht Abba nennen lassen!*
> *Denn einer ist euer Vater (Gott!).«*
>
> (Mt 23,8.9 RÜ)

Und in der Apostelgeschichte hat Petrus selbst dem Papsttum den Garaus gemacht, indem er sagt: »Man muss Gott mehr gehorchen als den Menschen.« Das heißt: Kein Papst, kein Bischof, kein Kleriker darf sich über die Menschen stellen. Der Meister der Lehre ist Jesus selbst, und der Vater der Lehre ist Gott: Abba. Mit welchem Recht glauben Päpste, Bischöfe und ihr Gefolge, sich bis heute über diese unmissverständlichen Weisungen Jesu hinwegsetzen zu können?

Jesus hat Titel und Äußerlichkeiten abgelehnt, aber die katholische Kirche wird seit bald 2 000 Jahren geführt von einer »Heiligkeit« im Vatikan, von »Eminenzen« und »Exzellenzen«, von »Hochwürden«, von Domkapitularen, von Monsignori und Geistlichen Räten. Über den Narzissmus der Pharisäer und die Protzerei der damaligen Glaubenshüter sowie über ihre Sucht nach den »ersten Plätzen in der Synagoge«, über diesen Maskenball der Eitelkeiten und den Karneval der Heuchelei hat sich Jesus ständig lustig gemacht. Ähnlich auch Papst Franziskus nach seiner Wahl. Als ihm der vatikanische Zermonienmeister die alten römisch-kaiserlichen Prunkgewänder anlegen wollte, bevor er auf den Balkon des Petersplatzes trat, wehrte er dieses Ansinnen mit der Bemerkung ab: »Herr Kollege, der Karneval ist vorbei.« So beginnen Veränderungen von oben.

92. Intellektuellen fehlt Vertrauen

»Wenn ihr mir nicht vertraut habt,
als ich zu euch sprach
über das, was auf der Erde ist –
wie könnt ihr mir vertrauen,
wenn ich zu euch spräche
über das, was in den Himmeln ist?«

(Joh 3,12 RÜ)

Jesus geht souverän mit seinen Gegnern um: Wenn ihr mir nicht vertraut bei irdischen Fragen, wie dann bei himmlischen? Eine scharfsinnige Argumentation! Sie trauten ihm nicht, weil er bei keinem von ihnen studiert hatte.

Damit war der Bruch zwischen Jesus und den Schriftgelehrten zwingend – wohl schon sehr früh. Die Autorität, mit der er sprach, war für die traditionell Frommen eine unerträgliche Provokation – er berief sich grundsätzlich immer direkt auf seinen »Abba«. Er, der Nichtstudierte, setzte sich grundsätzlich über ihre Bedenkenträgerei und Ängstlichkeit hinweg.

93. Jesus verspricht seinen Freunden den Geist Gottes

»Ich werde erbitten von Abba,
dass er euch einen anderen Tröster sende,
der bei euch sein wird für immer.
Der Tröster, den Abba senden wird –
jener wird euch alles lehren,
und er wird euch an alles erinnern.
Wenn jener Tröster kommen wird,
der Geist, der hervorgehen wird aus Abba,
dann wird er Zeugnis ablegen über mich.
Es ist gut für euch, dass ich fortgehe,
denn wenn ich nicht fortginge,
könnte der Tröster nicht zu euch kommen.
Wenn aber jener Tröster kommen wird,
dann wird er euch in der Wahrheit leiten;
auch die Warnzeichen wird er euch wissen lassen.«

(Joh 14,16.26; 15,26; 16,7.13 RÜ)

Ein wunderbares Lehrgedicht Jesu für seine Schüler. Der Geist, der »hervorgehen wird aus Abba«, die »inspirierende Kraft aus der Höhe« werde sie alles lehren, was sie brauchen. Diese Zusage gilt für Jesu Freunde zu aller Zeit. Ihr habe ich auch beim Schreiben dieses Buches vertraut.

94. Der Mensch ist ein geistiges Wesen

»Wohl ihm, der ist!
Denn er, der ist –
er war und er wird sein.«

(Phil 57 / Th 19 RÜ)

Kurz und bündig wollte Jesus seinen Schülern noch einmal klarmachen, dass der Mensch ein geistiges Wesen ist: Er war es und er wird es sein. Die vier klassischen Evangelien haben diesen wichtigen Hinweis unterschlagen.

95. Judas hat Jesus nicht verraten: Der Freundschaftskuss

»Ich! – Ich sage euch:
Einer von euch muss mich übergeben.«

(Joh 13,21 RÜ)

»Was du tun musst, tue es sofort.«

(Joh 13,27 RÜ)

Ein Wort Jesu an Judas, den angeblichen Verräter! Am Vorabend seines Leidens. Auch hier haben wir über die alten griechischen Übersetzungen alle das Gegenteil dessen gelernt, was tatsächlich geschah – mit fürchterlichen Folgen für 2000 Jahre Weltpolitik.

War Judas wirklich ein mieser Verräter, als der er seit 2 000 Jahren gilt? Noch am Karfreitag 2016 vergleicht Papst Franziskus den »Verräter« Judas mit jenen islamistischen Terroristen, die wenige Tage zuvor in Brüssel mit ihren feigen Selbstmordattentaten 35 Menschen in den Tod gerissen und über 200 verletzt haben. Welch eine verhängnisvolle Fehldeutung! Und war Jesus tatsächlich ein Verratener, als der er ebenfalls in Literatur, Kunst und Religion seit 2 000 Jahren gilt?

Wenn man mit Hilfe der Muttersprache Jesu, die auch Judas sprach, die Judas-Überlieferung untersucht, entdeckt man: Judas hat lediglich getan, was ihm Jesus aufgetragen hat. Er hat ihn nicht »verraten«, sondern »übergeben«. Alles andere ist schreckliche und verhängnisvolle Fehldeutung.

Als Einziger der zwölf Apostel stammte Judas aus Jerusalem und kannte sich in dieser Großstadt aus. Die anderen elf Apostel waren Galiläer vom Land. Das Wort »verraten« liegt dem griechischen »paradidonai« zugrunde. Es kann aber auch »übergeben« oder »überantworten« heißen. In den vier Evangelien kommt »paradidonai« insgesamt 59-mal vor. Interessanterweise wird dieses Wort im Zusammenhang mit Judas 32-mal mit »verraten« übersetzt – wenn es jedoch nicht auf Judas bezogen ist, wird es immer mit »übergeben« oder »überantworten« wiedergegeben – so hat es Günther Schwarz festgestellt. Mit dieser »verräterischen« Übersetzung wurde Judas zum schimpflichsten aller Verräter der Weltgeschichte abgestempelt.

In der aramäischen Rückübersetzung sagt Jesus zu Judas: »Was du tun musst, tue es sofort.« (Joh 13,27 RÜ) Judas handelt also zweifellos im Auftrag Jesu. Jesus war bewusst nach Jerusalem gegangen, um seinen Weg ans Kreuz zu gehen. Das war seine »Rolle«. Und Judas' »Rolle« war, ihm dabei zu helfen. Beide »Rollen« sind nicht voneinander zu trennen.

Der derzeit bekannteste israelische Schriftsteller Amos Oz nennt in seinem Roman »Judas« dessen Verrat einen »Verrat aus übergroßer Liebe«. Die Judasgeschichte ist die Urgeschichte des Antisemitismus. Oz: »Sie ist seit 2 000 Jahren das Tschernobyl des Antisemitismus. Denken Sie an die Renaissancebilder vom letzten Abendmahl. Die Jünger sehen alle sehr arisch aus, blond und blauäugig. Judas sitzt in der Ecke und ist ein hässliches semitisches Monster mit einer schrecklichen Nase. Das ist keine Nazikarikatur im ›Stürmer‹, das ist Renaissancekunst, 400 Jahre vor Goebbels. Der Holocaust hat hier seinen Ursprung. Wir alle sind Judas, Gottesverräter, Geldgierige, Zyniker.« Falsche oder gefälschte Übersetzungen können auch politisch schreckliches und grauenhaftes Unheil anrichten, ja sogar Völkermord und Auschwitz rechtfertigen helfen.

Seit 2 000 Jahren wird Judas von Christen mit Schmutz beworfen, ähnlich wie Jesus vor 2 000 Jahren damals von jüdischen Theologen. Der »Verräter« war Jesu treuester Jünger. Nicht Judas hat Jesus verraten, sondern Petrus, als er Jesus verleugnete, bevor »der Hahn zweimal krähte«. (Mk 14,72) Generationen von Christen wollen nicht vergessen und nicht vergeben, dass es Juden waren, die vor der Kreuzigung Jesu gerufen haben: »Weg mit ihm! Kreuzige ihn! Sein Blut komme über uns und unsere Kinder.« (Joh 19,15 und Mt 27,25) Deshalb gilt jeder Jude als potentieller Judas, als potentieller Verräter.

Amos Oz zu Recht: »Judas liebte Jesus.« Er hat seinen Meister nicht verraten, obwohl genau dies in allen vier herkömmlichen Evangelien noch immer so furchterregend falsch steht. Walter Jens schrieb in seinem letzten Roman »Der Fall Judas« über den angeblichen Verräter: »Ohne Judas kein Kreuz, ohne Kreuz keine Erfüllung des Heilsplans. Keine Kirche ohne diesen Mann, keine Überlieferung ohne diesen Überlieferer.«

96. Verklärt, nicht körperlich auferstanden

»Ich werde euch nicht als Unwissende hinterlassen.
Ich werde wieder zu euch kommen – ein wenig verändert.«

(Joh 14,18.19 RÜ)

Die beiden Sätze sprach Jesus vor seiner Verhaftung in Gethsemane. Das heißt, er sprach dieses mystische Wort zu einer Zeit, als er noch seinen materiellen Körper besaß.

Dieser Körper wurde nach seiner Abnahme vom Kreuz in die Grabkammer des Josef von Arimathäa gelegt und lag dort bis zum Ostersonntagmorgen.

Dann muss dieser materielle Körper in einen nichtmateriellen, verklärten Körper umgewandelt worden sein – wohl ähnlich wie auf dem Berg Tabor im Beisein seiner drei Hauptschüler –, sodass er so seinen engsten Gefährten »ein wenig verändert« erscheinen konnte: zuerst seiner Freundin Maria aus Magdala, die ihn erst erkannte, als er sie mit ihrem Namen ansprach, dann den Emmaus-Jüngern, die ihn erst am Brotbrechen erkannten, und schließlich wiederholt und bei verschlossenen Türen seinen übrigen Schülern, wie er es ihnen versprochen hatte: »Ich werde euch nicht als Unwissende hinterlassen.« Er sprach mit ihnen.

97. Gegen boshafte Fälschungen

»Mit der Milch Gottes
wird boshaft Gips angerührt.«

(Irenäus III 17, 4 RÜ)

Jesus, der Bauarbeiter, der etwas von Baustoffen versteht, aber auch von Gott. Es ist wohl ein Wort an Außenstehende, und es zeigt seinen Zorn darüber, dass der Glaube zu etwas Schlechtem missbraucht werden kann.

In Jesu Umwelt war Milch eines der Hauptnahrungsmittel, erste und gehaltvollste Kindernahrung. Symbol für die Wahrheit, Lebenstrank, geistige Nahrung. Gips aber verhärtet die Wahrheit Gottes wie ein Stein. Wehe den Fälschern! Jesus ahnte, was die Besserwisser aus seiner Lehre machen würden.

98. Vertrauen belebt!

»Jeden, der Gott vertrauen wird,
ihn kann er wiederbeleben lassen.
Jeden, der Gott nicht vertrauen wird,
ihn kann er nicht wiederbeleben lassen.«

(Mk 16,16 RÜ)

Was Sie soeben gelesen haben, ist das exakte Gegenteil dessen, was die Kirchen seit 2 000 Jahren Jesus in den Mund legen. Nach der offiziellen Lehre der Kirche ist Gott ein »Allmächtiger« und ein »Dreieiniger«, der die Ungläubigen und Ungetauften zur »Höllenstrafe« verdammt. In Markus 16,16, also an derselben Stelle des Neuen Testaments, die oben in einer rückübersetzten Fassung vorliegt, sagt Jesus angeblich: »Wer glaubt und sich taufen lässt, wird gerettet; wer aber nicht glaubt, wird verdammt werden.« Kann der liebevolle Jesus je so etwas Schreckliches und Erschreckendes gesagt haben? Vergleichen Sie bitte diese beiden wichtigen Textstellen. Welche Aussage trauen Sie dem wirklichen Jesus eher zu? »Verdammt« oder »nicht wiederbelebt«?

Schon 2007 hat Papst Franziskus noch als Kardinal Bergoglio gesagt: »Man bleibt nicht gläubig, wenn man wie die Traditionalisten oder die Fundamentalisten am Buchstaben klebt.« Bei vielen seiner öffentlichen Auftritte nennt sich Papst Franziskus auch nicht »Papst«, sondern »Bischof von Rom«. Ich wünsche, dass dieser Reformer im Vatikan die eigentliche Reform der Kirche Jesu, nämlich die Wiederherstellung der Ur-Worte und der Ur-Botschaft des »aramäischen« Jesus vorantreibt. Nur dann, auf dem Weg zur Quelle, werden wir dem Ur-Jesus begegnen und die Einheit der christlichen Kirchen, die Ökumene, wiederfinden und das Ärgernis der Spaltung überwinden können.

99. Jesus überlebte die Kreuzigung

Jesu »Auferstehung von den Toten« hat niemand gesehen. Aus keinem der vier Evangelien der griechischen Einheitsübersetzung geht eindeutig hervor, dass Jesus am Kreuz gestorben ist. Fest steht, dass Jesus am Kreuz das Bewusstsein verlor. Bei Matthäus lesen wir: »Jesus aber schrie noch einmal laut auf. Dann hauchte er seinen Geist aus.« (Mt 27,50) Bei Markus: »Jesus aber schrie laut auf. Dann hauchte er den Geist aus.« (Mk 15,37) Bei Lukas heißt es: »Vater, in deine Hände lege ich meinen Geist. Nach diesen Worten hauchte er den Geist aus.« (Lk 23,46) Und bei Johannes: »Und er neigte sein Haupt und gab seinen Geist auf.« Seltsamerweise sind trotzdem alle entsprechenden Kapitel von den Übersetzern so überschrieben: Der Tod Jesu. Obwohl an keiner Stelle vom Tod Jesu ausdrücklich die Rede ist. Dennoch suggerieren alle Karfreitags-Liturgien und Osterpredigten seit Jahrhunderten, dass Jesus am Kreuz gestorben und nach eineinhalb Tagen »auferstanden« sei.

Warum aber hat dann keiner der Evangelisten geschrieben: »Er starb« oder »Er war tot«?

Wir wissen es nicht. Wir wissen aber, dass Jesus nicht davon ausgeht, dass sein Vater gegen seine eigene Schöpfungsordnung verstößt und »Tote« zum Leben erweckt. Der Gott Jesu wirkt nicht *gegen* seine Schöpfung, sondern *in* (im Rahmen, im Sinne) seiner Schöpfung. Dass Gott eine Leiche aufrichtet, ist gottwidrig. Dass Jesus durch die Kraft seines Gottvertrauens Kranke und Schwache aufrichtet, ist gottgemäß. Eine bis heute wundergläubige Theologie erklärt Jesus am Kreuz für tot, verwandelt seine Leiche anschließend in ein Gespenst, das sich je nach Bedarf sichtbar oder unsichtbar machen und schließlich zu den Wolken hinaufschweben kann. Spätestens da oben wäre er erfroren oder erstickt.

Frömmigkeit, die den Verstand einschläfert, sollte sich wenigstens nicht auf Jesus berufen. Gott hat uns den Verstand gegeben, damit wir ihn nutzen. Wichtig bleibt dieses Jesuswort aus dem Johannes-Evangelium: »Wer mir vertraut, wird leben – auch wenn er gestorben ist.« (Joh 11,25) Wesentlich ist: Jesu ganze Zuversicht liegt in der Überzeugung, dass der physische Tod die Tür zum Eingang ins ewige Leben ist, in eine Sphäre ohne Leid, in den ewigen Frieden, ins »Paradies«.

Am Ostermorgen ging Maria Magdalena mit zwei anderen Frauen frühmorgens zum Grab Jesu. Es war »als eben die Sonne aufging«, schreibt Markus. Sie traf ihren »verklärten« Freund und wollte ihn festhalten. Im griechischen Johannes-Evangelium sagt Jesus zu ihr: »Halte mich nicht fest; denn ich bin noch nicht zum Vater hinaufgegangen.« Doch rückübersetzt ins Aramäische und dann ins Deutsche ergibt sich genau das Gegenteil: »Berühre mich, denn ich bin nicht gestorben.« Dazu Günther Schwarz: »Auch wenn es schockierend ist. Eine andere Wiedergabe lässt die Aussage Jesu nicht zu.« Jesus selbst sagt, dass er nicht gestorben sei.

Dazu passt ein Wort des Kirchenlehrers Aurelius Augustinus: »Ein Wunder passiert nicht gegen die Natur, sondern gegen unser Wissen von der Natur.« Ostern bedeutet vor allem: Die Sache Jesu geht weiter.

Ich laufe in Jerusalem den Weg, den diese Maria damals am Ostermorgen ging. Vogelgezwitscher von den Wipfeln der Bäume. Überall blühen Geranien an den Balkongeländern. Der Frühling treibt es hier besonders bunt: Farbenmeere in Blau, Violett, Rot, Gelb, Weiß und Grün. Strahlende Sonne wie an Ostern vor etwa 66 Generationen über den Jerusalemer Hügelkuppen. Die Straßen gesäumt von Olivengärten, Feigenbäumen und Granatapfelbäumen. Berge, Wind, Wasser, Morgenlicht. Eine Stadt voll erwachenden Lebens. Stadt des letzten Abendmahls. Stadt, in der die Hohepriester beschlossen hatten, Jesus ans Kreuz schlagen zu lassen. Ich stelle mir vor, was diese selbstbewusste Jesus-Freundin Maria von Magdala hier empfunden haben muss. Ihre ganze Hoffnung, ihr tiefstes Vertrauen und ihre bedingungslose Liebe hatte sie auf ihren Freund aus Nazareth gesetzt. Doch die damaligen Obrigkeiten aus Politik und Religion hatten dies alles brutal zerstört. Sie war zu Tode betrübt. Aber dann das leere Grab. Die Begegnung mit dem Jüngling. Und Jesus sagt nur ein einziges, liebevolles Wort zu ihr: »Mirjam«! Jesus spricht seine Vertraute mit ihrem aramäischen Namen an und ruft sie aus ihrer Traurigkeit ins Leben zurück: »Ich bin nicht gestorben.« Jesus hat den Tod überwunden.

Das zentrale christliche Grundvertrauen ins Leben hat Jesus einer Frau anvertraut. Der *einzigartigste* Mensch aller Zeiten hat den verhängnisvollsten Irrtum aller Zeiten aufgelöst: dass es mit dem irdischen »Tod« mit uns aus und vorbei sei. Im Gegenteil. Und Maria Magdalena hat es bestätigt: »Er lebt.«

100. Jesu ergreifendes Abschiedsgebet

»Vater!
Deine Gegenwart habe ich denen bekannt gemacht,
die du mir anvertraut hast.
Mir hast du sie anvertraut,
und sie haben dein Wort bewahrt.
Alles, was du mir übergeben hast, stammt von dir.
Die Worte, die du mir übergeben hast,
habe ich ihnen übergeben.
Sie haben sie übernommen und erkannt,
dass ich aus dir hervorgegangen bin.
Und sie haben geglaubt und wahrhaft erkannt,
dass du mich gesandt hast.

Abba! Heiliger!
Bewahre durch deine Gegenwart jene,
die du mir anvertraut hast.
Während ich bei ihnen war,
habe ich sie bewahrt.
Nun komme ich zu dir
und ich sage dies,
damit sie vollkommen erfüllt werden
von meiner Freude.
Ich erbitte nicht von dir,
dass du sie entrücken lässt,
sondern dass du sie bewahren lässt
vor dem Satan.

Abba! Gerechter!
Wie du mich gesandt hast,
so sende ich sie.

Und ich heilige mein Selbst für sie,
damit sie geheiligt werden.
Aber nicht für sie allein,
erbitte ich's von dir,
sondern auch für sie,
die durch ihr Wort vertrauen werden.
Deine Gegenwart habe ich ihnen bekannt gemacht,
und ich werde sie bekannt machen,
damit die Liebe, mit der du mich geliebt hast,
in ihnen sei.«

(Joh 17,1-26, gekürzt, RÜ)

Dieses zu Herzen gehende Abschiedsgebet Jesu ist wiederum meisterliche aramäische Poesie. Nur deshalb können wir den »aramäischen« Jesus besser verstehen als den aus der tradierten griechischen Fassung der Evangelien.

Schlusswort

ישוע

Leser meines Buches »Was Jesus wirklich gesagt hat« fragten mich, wohin Jesus nach seiner »Auferweckung« gegangen sei. Die Antwort gibt er in diesem Abschiedsgebet. Er ging dorthin, woher er kam und wohin wir eines Tages alle gehen werden: zu seinem und unserem Vater, so seine eigenen Worte beim Abschied von seinen Freunden.

Was bleibt? Harmonie in uns und Frieden um uns können im Geiste Jesu dann reifen, wenn wir selbst geistig wachsen und an der Verwirklichung dieser Werte arbeiten: Vertrauen in Gott und Vertrauen ins Leben. Das führt zu Liebe, Frieden, Gerechtigkeit, Wahrheit und Gewaltlosigkeit. Den Weg zu diesem Ziel zeigt uns der wirkliche Jesus wie niemand sonst.

Gehen müssen wir diesen Weg freilich selbst. Es gibt keine Fremderlösung. Jesus hat uns zu Großem berufen. Seinem empathischen Gottesbild entspricht ein empathisches Menschenbild. Das alte, patriarchalisch geprägte, aber überholte Menschen- und Gottesbild wird in der Person Jesu zerstört und eindrücklich widerlegt.

Der »erste neue Mann« zeigt uns einen empathischen Gott, der uns zu empathischen Menschen beruft. Jede und jeder von uns ist Stellvertreter Gottes auf Erden. Wir sollen sein Werk an seiner Stelle tun, meint Hanna Wolff. Zur Zeit Jesu war das eine unerhörte Neuigkeit. Jesu Botschaft ist von universeller Gültigkeit: An jedem Ort, für jeden Menschen, zu jeder Zeit. Das Volk war »außer sich«. Der Mann war gefährlich und musste beseitigt werden. Und genau deshalb können wir ihn und seine Botschaft nie vergessen.

Eines Tages kamen christliche Missionare zu Mahatma Gandhi und fragten ihn: »Was müssen wir tun, damit die Inder das Christentum akzeptieren?« Gandhis Gegenfrage: »Kennen Sie das Geheimnis der Rose? Sie duftet – und deshalb ist sie die beliebteste aller Blumen. Meine Herren, duften Sie! Duften Sie nach Jesus!« Künstliche Rosen duften nicht. Wirksamer Jesus-Duft muss echt sein, nicht gefälscht oder künstlich. Und echt duftet nur der Ur-Jesus, der »aramäische«, der wirkliche Jesus. Der »aramäische« Jesus ist wahrscheinlich auch die Existenz- und Überlebensfrage der christlichen Kirchen.

Im Lutherjahr 2017 sollten die Kirchen ein ökumenisches Konzil einberufen mit dem Ziel, dass die Theologen der großen Konfessionen gemeinsam daran arbeiten, den empathischen »aramäischen« Jesus wiederherzustellen. Günther Schwarz hat dafür hervorragende Vorarbeit geleistet, aber er war – wie er immer wieder betonte – nicht unfehlbar.

Das kürzeste und vielleicht wichtigste Gebet der Menschheit besteht in einem einzigen Wort: Danke. Damit möchte ich mich verabschieden: »Danke« an Gott, »Danke« an Jesus, »Danke« an meinen Lektor und Inspirator dieses Buches, Thomas Schmitz, und »Danke« an meine Leserinnen und Leser.

Mehr Infos zu den Jesus-Forschungen von Günther Schwarz: www.jesus-forscher.de

Wenn Sie mit mir in Verbindung bleiben wollen, besuchen Sie meine Homepage www.sonnenseite.com oder schreiben Sie mir eine E-Mail an franzalt@sonnenseite.com

Literatur

Alt, Franz: Was Jesus wirklich gesagt hat. Gütersloh: Gütersloher Verlagshaus 2015.

Ders.: Der ökologische Jesus. Vertrauen in die Schöpfung. München: Riemann 1999.

Ders.: Jesus. Der erste neue Mann. München: Piper 1989.

Ders.: Flüchtling. Jesus, der Dalai Lama und andere Vertriebene. Wie Heimatlose unser Land bereichern. Gütersloh: Gütersloher Verlagshaus 2016.

Blüm, Norbert: Aufschrei. Wider die erbarmungslose Geldgesellschaft. Frankfurt am Main: Westend 2016.

Dalai Lama und Franz Alt: Ethik ist wichtiger als Religion. Der Appell des Dalai Lama an die Welt. Salzburg: Benevento 2015.

Drewermann, Eugen: Die Apostelgeschichte. Wege zur Menschlichkeit. Ostfildern: Patmos 2014.

Papst Franziskus: Laudato Si. Die Umwelt-Enzyklika des Papstes. Freiburg: Herder 2015.

Ders.: Der Name Gottes ist Barmherzigkeit. München: Kösel 2016.

Schuster, Peter: Verbrecher, Opfer, Heilige. Eine Geschichte des Tötens. Stuttgart: Klett-Cotta 2016.

Wolff, Hanna: Neuer Wein – alte Schläuche. Das Identitätsproblem des Christentums im Lichte der Tiefenpsychologie. Stuttgart: Radius 1981.

Bücher von Günther Schwarz:

Schwarz, Günther: Das Jesus-Evangelium, München: Ukkam 1993.

Schwarz, Günther: Die Bergpredigt – eine Fälschung? München: Ukkam 1991.

Schwarz, Günther: Wenn die Worte nicht stimmen, München: Ukkam 1990.

Schwarz, Günther: Hat Jesus überlebt? Manuskript 1999.

Schwarz, Günther: Jesus lehrte anders, Manuskript 2000.

Schwarz, Günther: Worte des Rabbi Jeschu. Eine Wiederherstellung. Manuskript 2003.

Schwarz, Günther: Glaubwürdiges Credo?, Manuskript 2005.

Schwarz, Günther: Das Papstamt! Eine ungeheure Anmaßung? Manuskript 2006.

Schwarz, Günther: Das Papstamt. Eine intelligente Fälschung. Manuskript 2007.

Schwarz, Günther: Ich bin nicht gestorben. Manuskript 2009.

Schwarz, Günther: Schauungen der Therese Neumann aus Konnersreuth. Manuskript 2009.

Die Bücher und Manuskripte von Günther Schwarz erhalten Sie über seinen Sohn Jörn Schwarz (Mail an ICETEX@web.de).

Jörn Schwarz schreibt auf der Internet-Seite www.jesus-forscher.de mehr über seinen Vater, vor allem über dessen Rück-Übersetzungstechnik.

Abkürzungen

Spr:	Sprüche
Mt:	Matthäus-Evangelium
Mk:	Markus-Evangelium
Lk:	Lukas-Evangelium
Joh:	Johannes-Evangelium
Apg:	Apostelgeschichte
1 Kor:	Erster Brief an die Korinther
Eph:	Brief an die Epheser
Kol:	Brief an die Kolosser
JuAp:	Justinus Martyr, Apol. (nicht in den Kanon aufgenommen)
Phil:	Philippus-Evangelium (nicht in den Kanon aufgenommen)
Th:	Thomas-Evangelium (nicht in den Kanon aufgenommen)
RÜ:	Rückübersetzung aus dem Aramäischen

© privat

Franz Alt, geboren 1938, Journalist und Buchautor, arbeitete seit 1968 beim SWF, wo er 20 Jahre das Politmagazin »Report Baden-Baden« moderierte. Seit 1992 Leitung der Sendereihe »Zeitsprung« im SWF und seit 1997 des Magazins »Querdenker« in 3SAT, Träger des renommierten Adolf-Grimme-Preises und des »Europäischen Solarpreises« für sein Engagement im Zusammenhang mit ökologischen Themen.

www.sonnenseite.com

MIX
Papier | Fördert gute Waldnutzung
FSC® C014496

Penguin Random House Verlagsgruppe FSC® N001967

7. Auflage, 2024

Textredaktion: Dr. Peter Schäfer, Gütersloh (www.schaefer-lektorat.de)
Druck und Bindung: Friedrich Pustet GmbH & Co. KG, Regensburg
Printed in Germany
ISBN 978-3-579-08533-3
www.gtvh.de